자기 신뢰

Self-Reliance

Self-Reliance
자기 신뢰

부와 성공을 부르는 자기 확신의 힘

랄프 월도 에머슨 지음 | 변용란 옮김

RALPH WALDO EMERSON

더스토리

떨쳐내려는
유혹에서
우리는
힘을 얻는다.

차
례

"끊임없이 당신을
뭔가 다른 것으로 만들려고
애쓰는 세상에서
당신 자신으로 산다는 것은
가장 큰 성취다."

− 에머슨 −

자기 신뢰
SELF-RELIANCE

"당신 자신을 외부에서 찾지 말라(Ne te quaesiveris extra)."

"인간은 자기 자신에게 별과 같은 존재로,
정직하고 완벽한 사람을 만들어낼 수 있으며
모든 빛과 모든 영향력과 모든 운명을 지배하는 영혼이니
인간에겐 일찍 찾아오는 일도 너무 늦게 닥치는 일도 없다.
우리의 행동 우리의 천사는, 선하든 악하든
가만히 우리 곁을 걷는 운명의 그림자이다."

_보몬트와 플레처의 희곡*
「정직한 자의 운명(Honest Man's Fortune)」에필로그

어린아이를 바위에 내던져
늑대의 젖을 물리고
매와 여우 곁에서 겨울을 나게 하면
손과 발에 힘과 빠름을 얻으리라

　얼마 전 어느 유명한 화가가 쓴 독창적이고도 인습에 얽매이지 않은 시 몇 편을 읽었다. 어떤 주제를 다루었든 그런 시를 읽으면 인간은 언제나 가르침을 얻는다. 시가 전하는 정서는 시에 담겨 있을 그 어떤 생각보다도 가치가 있다. 자신의 생각을 믿고, 자신에게 진실된 것은 모든 사람들에게도 진실임을 마음 깊이 믿는 것, 그것이 천재의 마음가짐이다. 당신 마음에 숨어 있는 확신을 말하라, 그러면 그것이 보편적인 의미를 지니게 될 것이다. 가장 깊은 곳에 있는 속마음은 때가 되면 가장 겉으로 드러나며, 마지막 심판의 나팔소리와 함께 우리에게 되돌아오는 것은 우리가 맨 처음 떠올렸던 생각이기 때문이다. 누구에게나 마음의 소리처럼 친숙한 모세, 플라톤, 밀턴에 대하여 우리가 손꼽는 가장 큰 장점은 그들이 책이나 전통에 기대지 않았으며, 사람들의 생각을 옮긴 것이 아니라 본인의 생각을 표현했다는 점이

• 16세기 초에 활약한 영국 극작가 프랜시스 보몬트(Francis Baumont)와 존 플레처(John Fletcher)는 50여 편의 합작 희비극을 썼으며 셰익스피어의 막강한 라이벌로 유명했다.

다. 인간은 음유시인이나 현자가 그려내는 창공의 광채보다도, 자신의 마음 깊은 곳을 가로지르는 섬광의 반짝임을 감지하고 지켜보는 법을 배워야 한다. 그러나 인간은 그것이 보잘 것 없는 자신의 생각이라는 이유로 다짜고짜 그런 생각을 묵살한다. 천재의 모든 작품에서 우리는 무시했던 자신의 생각을 발견하고, 스스로 거부했던 생각들은 생경한 권위를 지닌 채 우리에게 되돌아온다. 위대한 예술 작품이라 해도 이 깨달음보다 더 충격적인 교훈을 우리에게 안겨주지는 못한다. 예술 작품은 다른 사람들의 목소리가 전부 다 반대편을 가리키고 있을 때야말로 유쾌하고도 확고부동한 태도로 마음에서 저절로 우러나는 인상에 따라 행동하라는 가르침을 우리에게 전달한다. 그렇지 않으면 내일 당장 낯선 이가 나타나 우리가 늘 생각하고 느끼고 있던 바로 그 내용을 거장의 분별력에 담아 이야기할 테고, 그럼 우리는 수치스럽게도 타인의 입에서 나온 자신의 견해를 받아들여야한다.

누구나 교육을 받다 보면, 부러움은 무지이고, 모방은 자살이며, 좋든 나쁘든 자기 자신을 있는 그대로의 주어진 몫으로 받아들여야하고, 드넓은 우주에 좋은 것이 가득하더라도 본인에게 주어진 땅을 일구는 노고를 기울이지 않으면 양식이 될 옥수수 한 알갱이도 얻을 수 없다는 깨달음을 얻는 때가 있다. 인간에게 내재된 힘은 사실상 새로운 것이어서 어떤 능력이 있는지 본인 외엔 알 수 없으며, 시도해보기 전까지는 스스로도 알지 못한다. 얼굴 하나, 성격 하나, 사실 하나가 우리에게 깊은 인상을 남기기도 하고, 다른 경우엔 아무런 감흥이 없는 데는 다 이유가 있다. 미리 예정된 조화*가 없다면 그런 인상이 기억에 새겨지는 것은 불가능하다. 한 줄기 빛이 떨어지는 곳에 머무는 시선은 그 특별한 빛의 존재를 입증한다. 우리는 자신을 절반 밖에 표현하지 못하고, 각자가 대변하고 있는 신의 생각을 부끄러워한다. 자신의 생각을 조화롭고도 훌륭한 견해로 안심하고 믿으며 충실하게 전달하여도 괜찮겠지만, 신은 겁쟁이들이 당신의 뜻을 실천하도록 내버려두지 않는다. 인간은 온 마음을 다해 일에 집중하고 최선을 다했을 때 위안과 기쁨을 누리며, 자신의 말과 행동에 최선을 다하지 못하면 마음의 평화를 얻지 못한다. 그것은 해방되지 못한 해방이다. 그런 노력은 아무리 기울여 봐도 재능은 사라지고 어떠한 뮤즈도 도움을 주지 않으며, 그 어떤 발명도 희망도 기대할 수 없다.

당신 자신을 믿으라. 그러면 무쇠처럼 단단한 그 현의 울림이 모든 이들을 감동시킬 것이다. 신의 섭리가 우리를 위해 준비한 곳, 우리와 동시대인들이 살아가는 사회, 모든 사건의 연관성을 받아들여야 한다. 위대한 사람들은 언제나 그렇게 살아왔고, 전적으로 믿을 수 있는 것은 자신의 마음에 깃들어 있다는 인식을 바탕으로 자기 손으로 직접 세상을 헤쳐 나가며 자신의 모든 존재 이유를 장악하면서 어린아이처럼 순수하게 자신이 속한 시대정신을 받아들였다. 이제 우린 어른이 되었으므로, 가장 고귀한 마음으로 똑같이 그 초월적인 운명을 받아들여야한다. 또한 우리는 한 귀퉁이에서 보호받고 있는 미성년자와 병자, 혹은 혁명 앞에서 도망치는 겁쟁이가 아니라, 전능한 신의 노고에 복종하고 혼돈과 어둠을 뚫고 전진하는 안내자, 구원자, 후원자이다.

이러한 맥락에서 대자연은 어린아이, 아기, 심지어 짐승의 얼굴과 행동 속에서 얼마나 아름다운 계시를 우리에게 내려주고 있는가! 인간의 계산법으로는 본래의 목적과 반대되는 힘과 수단을 따지느라 감정의 불신이 생겨 마음이 분열되고 반항심이 들지만, 이들에겐 그런 마음이 없다. 이들의 마음은 온전히 그대로이고 세상을 보는 눈 또한 아직 편견에 사로잡히지 않았기에, 그들의 얼굴을 들여다보면 우리는 당혹감에 젖는다. 유아는 그 누구에게도 비위를 맞추지 않는다. 반면에 모든 사람들은 유아의 비위를 맞추려 하므로, 아기 하나를 두고 어른들 너덧 명이 매달려 재잘거리며 놀아주는 일이 흔하다. 신은 젊은이와 사춘기 청소년, 장년의 성인도 나름의 개성과 매력을 갖추어 선망의 대상이 되고 품위 있는 태도로 삶을 누리며, 스스로 버텨낼 힘만 있다면 그들의 주장이 무시되는 일이 없도록 배려했다. 젊은이가 당신과 내 앞에서 말을 못한다는 이유로 힘없는 사람이라 생각해서는 안 된다. 잘 들어보라! 옆방에서 들리는 그 청년의 목소리는 충분히 명료하고 단호하다. 동년배들에겐 그도 말하는 법을 잘 알고 있는 듯하다. 그렇다면 수줍어하든 대담하게 행동하든, 앞으론 우리 같

• '예정 조화'(preestablished harmony)는 라이프니츠 철학의 근본 원리로, 우주의 질서는 신이 미리 모든 요소의 본성이 조화를 이루도록 창조했기 때문이라고 여긴다.

은 연장자들을 아주 쓸모없는 존재로 만드는 법도 알게 될 것이다.

끼니 걱정을 조금도 하지 않으며, 사람들의 환심을 사느라 행동과 말을 조심하는 것을 귀족들만큼이나 질색하는 어린아이들의 무심함은 인간 본성을 드러내는 건강한 태도이다. 응접실에 앉아 있는 사내아이는 극장에 간 관객과도 같아서, 독립적인 공간 한 구석에 무심히 앉아 지나가는 사람들과 사건을 바라보며, 아이들 특유의 빠르고 간결한 방식으로 그들의 장점에 대하여 좋다, 나쁘다, 흥미롭다, 어리석다, 감동적이다, 귀찮다 등의 판단을 내린다. 어린아이는 절대 그 판단의 결과나 이해관계에 대해서 괴로워하지 않는다. 독자적으로 진심에서 우러난 판단을 내릴 뿐이다. 어린아이의 마음을 얻으려 애써야 하는 사람은 바로 당신이다. 아이는 당신의 마음을 얻는데 관심이 없다. 그러나 인간은 이를테면 자의식 때문에 감방에 틀어박히는 존재이다. 일단 박수갈채를 받으며 행동이나 말을 한 순간 그는 곧 전도유망한 인물로 무수한 사람들의 공감이나 혐오를 받으며 관찰의 대상이 되므로, 사람들의 애정 또한 그의 책임이 된다. 이렇게 되면 망각의 강은 존재하지 않는다. 아, 다시 한번 과거의 중립 상태로 돌아갈 수 있다면 좋으련만! 그러므로 모든 찬사를 거부하고서, 예전과 똑같이 흔들리지 않고 공정하게 돈에 매수되는 일도 없고 두려움도 모르는 순수함으로 사람들의 시선을 감수하고 세상을 바라볼 수 있는 사람은 언제나 무시무시한 존재다. 그는 주변에서 일어나는 모든 일에 대하여 사심 없이 꼭 필요한 시각에서 자신의 의견을 피력할 것이고, 그런 그의 말은 화살처럼 사람들의 귀에 꽂혀 두려움을 불러일으킬 것이다.

이런 목소리는 우리가 홀로 있을 때엔 들려오지만, 세상 속으로 들어가면 점점 희미해져 들리지 않는다. 사회는 어디든 구성원 각자가 지닌 인간성을 짓밟는 음모를 꾸민다. 사회는 주식회사와도 같아서 구성원들은 각 주주들에게 배당되는 빵을 더 많이 확보하기 위하여 빵을 먹는 다른 사람들의 자유와 문화를 포기하는데 동의한다. 사회에서 가장 요구되는 미덕은 순응이다. 자기 신뢰는 혐오의 대상이다. 사회는 현실과 창작자들보다는 명성과 관습을 사랑한다.

누구든 인간이 되려는 사람이라면 사회에 순응해선 안 된다. 불멸의 승리를 손에 넣으려면 선함이라는 명성에 방해받지 말고, 그 자체가 선한 일인지 탐색해야 한다. 결국 자기 자신의 마음에 깃든 진실함보다 신성한 것은 아무것도 없다. 자기 자신의 죄를 용서하라, 그러면 세상도 당신에게 공감해줄 것이다. 내가 꽤나 젊었던 시절, 교회의 냉혹하고 낡은 교리로 나를 성가시게 하는 습관이 있던 소중한 조언자에게 내가 쏘아붙였던 대답이 기억난다. "전적으로 나의 내면에서 우러나오는 마음대로 산다면, 신성한 전통이 무슨 의미가 있을까요?"라는 나의 질문에 지인은 이렇게 대답했다. "하지만 그런 충동은 위가 아니라 아래에서 온 것인지도 모르잖아." 나의 대답은 이러했다. "그럴 리는 없을 것 같지만, 만일 내가 악마의 자식이라면 악마의 뜻대로 살겠습니다." 나에게는 내 본성의 원칙 이외에는 어떤 규범도 신성하지 않다. 선과 악은 이런저런 모습으로 너무 쉽게 변할 수 있는 이름에 불과하다. 유일하게 옳은 것은 나의 성향을 따르는 것이며, 유일하게 그릇된 일은 그 본심을 거스르는 것이다. 인간은 모든 이들의 반대가 쏟아지더라도, 자신 이외의 모든 것들은 허울뿐이고 덧없는 존재라 여기며 자신을 믿어야 한다. 우리가 이름표와 명성, 대규모 단체와 죽은 제도에 얼마나 쉽게 굴복하는지를 생각하면 부끄러울 지경이다. 기품 있게 말을 잘 하는 사람은 필요 이상으로 우리에게 영향을 미치고 마음을 흔든다. 그러나 우리는 꼿꼿하게 지조를 지키며 활기차게 모든 면에서 무례한 진실을 말해야 한다. 악의와 허영심이 자선의 허울을 쓰고 있다면, 눈감아주어야 할 것인가? 만일 성난 차별주의자가 노예해방이라는 너그러운 명분을 받아들이는 체 하며 바베이도스*에 대한 최신 소식을 들려주러 온다면, 나는 다음과 같이 말하지 못할 이유가 없다. "가서 당신의 아이나 사랑해주고, 당신을 위해 나무를 베는 일꾼을 사랑으로 대하십시오. 선량한 마음으로 겸손해지세요. 그런 은혜를 베푸십시오. 까마득히 먼 곳에 사는 흑인들에 대한 믿어지지 않는 호의로 당신의 가혹하고 무자비한 야심을 치장하지 마십시오. 먼 곳을 향한 당신의 사랑은 집안에선 악의가 됩니다." 이런 인사말은 거칠고 무례하게 들리겠지만, 진실은 가식적인 사랑보다 훌륭하다. 선량함에는 반드시 얼마간 예리함을 갖춰야 하며, 그렇지 않다면 선량함은 아무것도 아니게 된다. 사랑의 원칙에 따라 슬피 울고 한탄한다면 그에 대한 반작용으로 증오의 원칙도 가르쳐야

한다. 천재적인 영감이 나를 찾아올 때, 나는 아버지, 어머니, 아내, 형제를 멀리한다. 문설주 꼭대기에는 '일시적인 변덕'(Whim)이라고 적어놓을 것이다. 결과적으로 일시적인 변덕 이상의 무언가를 얻기를 기대하지만, 그렇다고 그런 상황을 설명하느라 온종일을 허비할 순 없다. 내가 왜 친구를 찾거나 거부하는지 이유를 설명하기를 기대하지 말라. 또한 오늘 어느 선량한 사람이 했던 이야기처럼, 가난한 모든 사람들의 처지를 좋게 바꿔놓는 것이 나의 의무라고 내게 강요하지 말라. 그들의 가난이 내 책임인가? 어리석은 박애주의자인 그대에게 단언하노니, 내게 속하지 않은 이들, 내가 속하지 않은 이들에게 나는 1달러든 10센트든 1센트라도 주기 아깝다. 나를 사고팔아도 좋을 만큼 정신적으로 완벽한 친근감을 느끼는 부류의 사람들도 있고, 필요하다면 그들을 위해 감옥에라도 들어갈 것이다. 그러나 당신들의 평판을 노린 잡다한 자선사업, 바보들을 가르치는 대학 교육, 지금도 무수한 곳에서 헛된 목적으로 세워지고 있는 예배당 건물, 결국 술꾼에게 돌아가는 자선기부금, 수많은 구빈단체에 대해서는, 부끄러운 마음으로 고백하자면 나 역시 그들에게 굴복해 돈을 낸 적이 있지만, 그것은 사악한 돈이며 앞으로는 차츰 나도 그것을 거부할 용기를 갖출 것이다.

세속적인 판단으로 볼 때 미덕은 규율이라기보다는 예외이다. 인

• 영국 연방에 속했던 서인도제도의 섬나라로 1834년 노예제가 폐지되었다.

간이 존재하면 그의 미덕이 함께한다. 행진 대열에 매일 참여하지 못한 데 대한 속죄의 뜻으로 벌금을 내는 것과 마찬가지로, 인간은 용기나 자선의 작은 표시로 이른바 선행이라고 불리는 행동을 한다. 장애인과 정신병자가 비싼 돌봄 비용을 치르듯이, 그들의 행위는 이 세상에 살아가는 것에 대한 사죄나 변명이다. 그런 사람들의 미덕은 참회다. 나는 속죄하기를 바라지 않으며, 그저 살고 싶을 뿐이다. 나의 삶은 그 자체를 위한 것이지 구경거리가 되기 위함이 아니다. 나는 화려하고 불안정한 인생보다는 진실되고 평탄하게 살 수 있도록 긴장감이 덜한 삶을 더 선호한다. 건전하고 달콤한 인생이어서 식이요법이나 출혈이 필요하지 않으면 좋겠다. 나는 당신이 인간이라는 근본적인 증거를 바라지만, 그 요구를 군이 행동으로 보여주려는 인간의 생색은 거부한다. 훌륭하다고 여겨지는 행동을 보여주든 삼가든, 결과적으로 아무런 차이가 없다는 것은 나 스스로 잘 알고 있다. 내가 본래 지니고 있는 특권에 대한 대가를 치르는 데는 동의할 수 없다. 타고난 재능이 거의 없고 하찮을지 몰라도 나는 실제로 존재하고 있으며, 나 자신에게나 주변 사람들에게 나의 존재를 확인해주기 위해 또 다른 증거가 필요하진 않다.

　내가 꼭 해야 할 일은 모두 나와 관련된 일일뿐, 사람들의 생각과는 상관이 없다. 일상생활과 지적인 생활에서 이 원칙을 지키는 것은 똑같이 힘겹지만, 위대함과 비열함을 가르는 중요한 잣대가 될 것이다. 당신의 의무가 무엇인지 당신보다 더 잘 안다고 생각하는 사람들은 언제나 당신 곁에 있기 때문에, 이 원칙을 지키는 일은 더욱 어렵다. 세상 사람들의 의견을 좇아 이 세상을 살아가는 것은 수월하다. 나만의 생각을 좇으며 홀로 살아가는 것도 쉬운 일이다. 그러나 위대한 사람은 군중 속에서도 완벽하게 온화한 태도로 혼자만의 독립성을 지켜낸다.

　우리에겐 의미가 사라진 인습에 순응하는 것을 반대하는 이유는 우리의 힘을 분산시키기 때문이다. 그런 일은 시간 낭비일뿐더러 각자 지닌 성격에 대한 인상마저 흐릿하게 지워버린다. 혹시 당신이 영적으로 죽은 교회를 지지하고, 썩어빠진 성서 협회에 기부를 하며, 정부를 편들거나 반대하기 위해서 거대 정당에 투표를 하고, 천박한 가정부처럼 식탁을 자랑한다면, 그런 모든 눈가림 아래에선 당신이 과연 어떤 사람인지 내가 정확히 파악하기가 어렵다. 물론 그렇게 하느라고 당신은 제대로 인생을 살아갈 힘을 많이 빼앗기게 된다. 그러나 당신 본연의 일을 한다면, 나는 당신이 누군지 알 수 있다. 당신 자신의 일을 하라. 그러면 당신은 자신을 더 강하게 만들게 될 것이다. 이 순응이라는 게임은 눈을 감고 더듬어대는 술래잡기와 다름없다는 것을 알아야한다. 당신의 종파를 안다면 나는 당신이 어떤 주장을 할지 예상할 수 있다. 어느 목회자가 자기네 교회 제도의 편리성을 주제로 설교를 예고하는 말이 들린다고 치자. 그가 새롭고 즉흥적인 말씀을 한 마디라도 할 가능성이 없음을 내가 미리 모르겠는가? 그 제도의 근거를 따지며 온갖 허세를 부리겠지만, 전혀 실속 없는 말임을 내가 모르겠는가? 그는 스스로 한쪽 편만 보기로 맹세한 사람이라는 것을, 한 인간이 아니라 교구목사이기에 한쪽 편만 허용된다는 것을 내가 모르겠는가? 그는 고용된 대리인이며, 회중석을 휘감는 분위기는 공허하기 짝이 없는 허세일 뿐이다. 사람들은 대부분 술래처럼 이런저런 편견의 손수건으로 눈을 가리고서 그런 여론 공동체에 참여한다. 이러한 순응의 태도 탓에 사람들은 몇 가지 특정한 문제에 잘못을 저지르고 몇 번만 거짓말을 지어내는 것이 아니라, 모든 문제에 잘못을 저지르게 된다. 그들의 모든 진실은 제대로 된 진실이 아니다. 그들이 말하는 둘은 진정한 둘이 아니고, 그들이 말하는 넷은 진정한 넷이 아니다. 따라서 우리는 그들이 하는 모든 말에 분노를 느끼고, 그들을 어디부터 바로잡기 시작해야할지도 알지 못한다. 그러는 사이 인간의 본성은 어느새 우리가 고집하는 당파의 죄수복을 입혀놓는다. 우리는 똑같은 얼굴과 생김새를 하게 되고 점점 온순하고도 우스꽝스러운 표정을 얻는다. 일반적인 역사에서도 늘 빠짐없이 등장하는 특히 몹시 굴욕적인 경험이 있으니, 그것은 바로 우리가 관심 없는 대화에서 대답을 하는 것이 마음 불편할 때 사람들 앞에서 억지로 짓는 미소, 즉 '바보처럼 칭찬만 하는 얼굴'이다. 이럴 땐 근육이 자연스럽게 움직이는 것이 아니라 억지로 약간 힘을 주어야하므로 몹시 불쾌한 느낌으로 표정마저 경직된다.

순응하지 않는 사람에게 세상은 불쾌감을 드러내며 채찍을 휘두른다. 그러므로 우리는 못마땅한 표정을 짐작하는 법을 알아야한다. 길거리에서나 친구의 집 거실에서 방관자들은 미심쩍은 눈초리로 흘끔거릴 것이다. 만일 그러한 혐오감의 원인이 본인에 대한 경멸과 거부감이라면 서글픈 표정으로 집에 돌아가는 편이 나을 것이다. 그러나 대중이 짓는 못마땅한 얼굴은 그들의 흥겨운 얼굴과 마찬가지로 심오한 이유가 없으며, 그저 바람이 부는 대로 신문 기사가 이끄는 대로 오락가락 할뿐이다. 그러나 대중의 불만은 의회와 대학의 불만보다 무시무시하다. 세상의 이치를 잘 알고 심지가 굳은 사람이라면 교양 있는 계층의 분노를 쉽사리 견뎌낸다. 본인들도 소심하고 매우 상처받기 쉽기 때문에 그들의 분노는 품위 있고 신중하다. 하지만 그들의 나약한 분노에 대중의 울분이 더해지고 무지하고 가난한 사람들이 덩달아 들고 일어나, 사회 밑바닥에 깔려있던 무식하고 잔인한 힘이 으르렁거리며 솟구칠 때는, 별일 아닌 듯이 신처럼 의연하게 그 분노를 다루려면 드넓은 아량과 종교의 힘이 필요하다.

자기 신뢰를 위협하는 또 다른 문제점은 우리의 일관성이다. 우리는 과거에 했던 행동과 말에 몹시 연연해하는데, 그 이유는 타인의 눈으로 보기엔 우리의 행적을 비교할 데가 우리의 과거 행동뿐이고 우린 그들에게 실망을 안겨주기 싫어하기 때문이다.

그러나 대체 왜 자꾸 뒤를 돌아보아야하는가? 공적인 자리에서 언급했던 이런저런 말과 모순되는 이야기를 할까봐서 우린 왜 그렇게 기억의 시체를 질질 끌고 다녀야 하는가? 스스로 모순되는 말을 했더라도, 그래서 어쩌란 말인가? 순수하게 기억만 겨우 떠올리는 경우에도 절대 본인의 기억에만 의존하지 말 것이며, 과거의 일을 수천 개의 눈으로 지켜보는 현재로 끌어내어 늘 새로운 날을 사는 것은 지혜로운 삶을 위한 원칙이다. 우리의 형이상학은 신성(神性)에 인격을 부여하는 것을 거부한다. 하지만 영혼을 삼킬 듯한 떨림이 찾아오면 비록 그것이 신에게 형태와 색깔을 입히는 일이 되더라도, 진심과 목숨을 걸고 그 떨림을 받아들이라. 요셉이 매춘부의 손에 외투를 맡기고 달아난 것처럼, 당신의 논리를 버려라.

어리석은 일관성은 편협한 정치인과 철학자와 성직자들이나 숭배하는 편협한 마음의 허깨비에 불과하다. 일관성은 위대한 영혼과 아무런 관계가 없다. 그것은 벽에 비친 자신의 그림자를 염려하는 것과 마찬가지다. 지금 당신이 생각하고 있는 것이 있다면 확고한 말투로 이야기하라, 그리고 내일 든 생각은 비록 오늘 당신이 했던 모든 말과 모순되더라도 역시나 확고한 말투로 이야기하라. '아, 그럼 분명 오해를 받을 텐데.' 그렇다면 오해를 받는 것이 그토록 나쁜 일인가? 피타고라스도 오해를 받았으며, 소크라테스, 예수, 루터, 코페르니쿠스, 갈릴레오, 뉴턴까지, 육신을 지녔던 순수하고 지혜로운 영혼은 모두 마찬가지 신세였다. 위대한 인물이 된다는 것은 오해를 받는다는 것이다.

나는 자신의 본성을 거스를 수 있는 사람은 없다고 생각한다. 안데스산맥과 히말라야산맥의 높낮이도 지구의 표면으로 보면 대수롭지 않듯이, 용솟음치는 인간의 모든 의지는 인간의 존재 원칙대로 다듬어진다. 또한 우리가 어떻게 그를 평가하고 시험해보더라도 아무런 소용이 없다. 인간의 성격은 아크로스틱*이나 알렉산드리아의 시구와도 같다. 앞으로 읽든, 뒤로 읽든, 가로질러 읽어도 똑같은 글자가 나온다. 신께서 내게 허락한 이 즐겁고도 회한에 찬 숲속 생활 속에서 나는 미래에 대한 전망과 과거에 대한 회상도 하지 않고 그저 매일매일 정직한 나의 생각을 기록하면서, 군이 의도하거나 확인하지 않더라도 균형 잡힌 생각이 남겨질 것이라고 믿어 의심치 않는다. 나의 책에서는 소나무 향기가 풍기고 벌레들이 윙윙대는 소리가 울려 퍼질 것이다. 창밖에 사는 제비는 둥지를 지으려고 부리로 물고 온 실과 지푸라기로 나의 글도 함께 엮어줄 것이다. 우리는 있는 그대로의 모습으로 받아들여진다. 성격은 의지보다 우리에게 더 많은 것을 가르쳐준다. 사람들은 자신의 미덕이나 악행이 공공연한 행동으로만 드러난다고 생각하여, 그 미덕과 악행이 매 순간 숨결을 뿜어내고 있음을 알아차리지 못한다.

각각의 행동이 솔직하고 자연스러운 상황에서 이루어졌다면 제 아무리 다양한 행동에도 공통점은 있을 것이다. 몹시 달라보일지언정 하나의 의지에서 비롯된 행동들은 서로 조화를 이루기 때문이다. 약간 더 거리를 두어 바라보고 약간 더 높은 곳에서 생각해보면 그러한 다양성은 눈에 띄지 않는다. 하나의 경향이 그 모든 것을 하나로 묶는다. 최고의 배라고 해도 항로는 무수히 방향을 틀며 지그재그로 이어

* 각 행의 첫 글자나 마지막 글자를 아래로 연결하면 특정한 말이 되도록 쓴 유희용 시.

진다. 그러나 충분히 거리를 두고서 그 항로를 바라보면, 일정한 경향을 보이며 스스로 직선을 그린다. 당신의 진심에서 우러나온 행동은 그 자체로 설명이 될 것이고, 당신의 또 다른 진심 어린 행동까지 설명해줄 것이다. 순응은 아무것도 설명해주지 못한다. 독자적으로 행동하라, 그러면 이미 당신이 과거에 독자적으로 했던 행동이 현재의 당신을 정당화해줄 것이다. 위대함은 미래에 호소한다. 오늘 내가 단호한 태도로 옳은 일을 행하며 남들의 시선쯤은 무시할 수 있다면, 지금의 나를 방어해줄 수 있을 만큼 분명 과거에도 옳은 일을 아주 많이 행하였을 것이다. 그러니 결과는 어떻게 되든 내버려두고, 지금 옳은 일을 행하라. 언제든 겉치레를 무시하라, 그러면 늘 그런 태도를 유지할 수도 있을 것이다. 성격의 힘은 차곡차곡 쌓인다. 지난날에 쌓은 모든 미덕은 성격을 건강하게 만든다. 우리의 상상력을 가득 채우는 원로원과 전쟁터의 영웅들의 위풍당당함은 어디에서 나오는가? 그것은 연이어 지나온 위대한 날들과 승리에 대한 자의식 때문이다. 그때의 기억은 하나로 뭉쳐 앞으로 나서는 행동가에게 찬란한 빛을 비춘다. 그런 사람은 눈에 보이지 않는 천사들의 호위를 받는다. 채텀*의 목소리에 천둥 같은 울림을 선사하고, 워싱턴의 풍채에 위엄을 불어넣었으며, 애덤스**의 눈에 미국을 담아냈던 것도 바로 그것이다. 명예가 우리에게 귀하여 여겨지는 이유는 하루 쓰고 뜯어버리는 일력이 아니기 때문이다. 명예는 언제나 긴 역사를 지닌 미덕이다. 오늘날 우리가 명예를 떠받드는 것은 오늘 하루에 만들어진 것이 아니기 때문이다. 우리가 명예를 사랑하고 경의를 표하는 이유는 그것이 우리의 사랑과 존경을 붙잡으려는 덫이 아니라 자체적으로 생겨나와 독립적으로 존재하기 때문이다. 따라서 명예는 비록 젊은 사람이 지녔더라도 유서 깊은 순수 혈통을 자랑한다.

요즘 들어 나는 순응과 일관성을 들먹이는 것은 우리가 마지막 세대이기를 바란다. 앞으로 그런 말은 관보에나 실리는 웃음거리가 되게 하자. 저녁식사를 알리는 종 대신에 스파르타인들의 피리소리를 듣도록 하자. 더는 머리 숙여 사과하지 말자. 위대한 인물이 식사를 하러 우리 집에 오고 있다고 상상해보자. 나는 그를 즐겁게 해주고 싶지 않다. 오히려 그가 나를 즐겁게 해주면 좋겠다. 여기서 내가 지켜야할 것은 인간애이므로, 친절하게는 대하겠지만 나는 진심을 드러낼 것이다. 순탄하고 평범한 일상과 시절을 핑계대고 안주하는 비열함에는 과감히 맞서 꾸짖어 주어야 한다. 인습과 직업과 공직을 핑계대는 이들에게는 인간이 살아가는 곳엔 어디든 위대한 사상가와 행동가들의 책임이 존재했으며, 참된 인간은 다른 시대와 공간에 속한 사람이 아니라 모든 일의 중심에 존재한다는 모든 역사의 결론을 사실로 일깨워주자. 인간이 있는 곳에 본성이 존재한다. 그는 당신과 모든 사람들 모든 사건을 평가한다. 사회를 이루고 있는 모든 사람들은

• 18세기 영국 정치가로 쩌렁쩌렁 울리는 목소리로 유명하다.
•• 미국 독립전쟁을 이끈 지도자.

대개 무언가 좀 다른 것, 타인의 존재를 우리에게 일깨워준다. 그런데 인간의 품성, 즉 실체는 다른 것을 일깨워주는 것이 아니라 창조 전체를 대신한다. 인간은 모든 주변 환경의 차이를 무시할 정도로 대단한 존재가 되어야 한다. 참된 인간은 모두가 명분이고 국가이고 시대이며, 자신의 계획을 완벽하게 성취하려면 무한한 공간과 계산과 시간이 필요하다. 그러면 후세인들은 줄지어 따르는 부하들처럼 그의 발자취를 따르는 듯하다. 한 인간에 불과한 카이사르가 탄생한 이후 오랜 세월 로마 제국이 건재했다. 예수 그리스도의 탄생으로 수백만 명이 그의 천재성에 기대어 성장하고 열렬히 추종하면서, 그리스도는 곧 인간의 미덕과 가능성으로 혼동할 정도가 되었다. 하나의 제도는 한 인간이 남긴 그림자의 연장선이다. 즉 수도원 제도는 은둔 수도사 성 안토니˙의 그림자이며, 종교 개혁은 루터, 퀘이커교는 폭스˙˙, 감리교는 웨슬리˙˙˙, 노예제도 폐지는 클락슨˙˙˙˙의 그림자인 셈이다. 밀턴은 스키피오˙˙˙˙˙를 '로마의 정점'이라고 불렀는데, 모든 역사는 이렇듯이 몇 안 되는 굵직하고 중요한 인물들의 전기로 너무 손쉽게 귀결된다.

그러므로 인간이라면 자신의 가치를 알고 당당히 매사를 발밑에 두도록 하자. 우리를 위해 존재하는 세상인데도, 마치 고아나 사생아, 침입자처럼 몰래 엿보거나 도둑질을 하거나 살금살금 숨어 다니는 행동은 하지 말자. 하지만 높은 탑을 세우거나 대리석으로 신의 석상을 조각하는 능력에서 느껴지는 인간의 가치를 자신의 내면에서 찾지 못하는 사람은 거리를 걸으며 그러한 인간의 업적을 볼 때 초라함을 느낀다. 그런 사람에게는 궁전이나 조각상 또는 값진 책이 마치 흥겹게 달리는 고급 마차처럼 이질적이고 범접하기 어려운 분위기를 자아내면서 '댁은 누구십니까'라고 묻는 것만 같다. 그러나 그가 알아 봐주기를 기다리는 구혼자나, 언젠가 겉으로 드러나 소유하게 될 그의 능력에 기대어 부탁을 하는 사람처럼, 그 모든 것들은 그가 누려 마땅한 것이다. 그림은 우리의 평가를 기다린다. 그림은 우리에게 명령을 내리지 않으며, 그림에 담긴 내용을 칭찬할 것인지 결정은 내게 달려 있다. 인사불성으로 취해 길바닥에 쓰러져 있던 주정뱅이를 공작의 집으로 데려가 깨끗이 씻기고 옷을 입혀 공작의 침대에 눕힌 뒤, 그가 깨어났을 때 온갖 아부의 말과 예를 갖춰 공작처럼 대우하자 그동안 자기가 정신이 나갔었다고 확신했더라는 유명한 우화를 들어보 았을 것이다. 그 이야기가 그토록 인기를 끌었던 이유는 세상을 살아가는 인간의 처지는 일종의 주정뱅이처럼 형편없지만, 이따금 정신

• AD 4세기 경 콥트 기독교의 성인인 성 안토니가 은둔 수도생활을 마치고 자신을 따르는 수도사들을 모아 수도원을 세우고 수도복을 입게 하였는데 이것이 현재 수도원의 효시가 되었다.

•• George Fox, 17세기 영국 가난한 노동자 출신으로 형식주의를 배격하고 정신적인 경험과 사회 개혁을 중시한 퀘이커교를 창설하였다.

••• John Wesley, 18세기 영국의 신학자로 감리교를 창시하였다.

•••• Thomas Clarkson, 18·19세기 영국의 노예해방 운동가.

••••• Scipio, BC 2세기경 고대 로마의 정치가이자 장군.

을 차리고 깨어나 이성을 발휘하면 스스로 진정한 귀족임을 깨닫게 된다는 현실을 상징적으로 너무도 잘 담아냈기 때문이다.

우리의 독서는 지식에 대한 구걸이자 아첨이다. 역사에서도 상상력은 우리를 배신한다. 왕국, 작위, 권력, 계급 같은 어휘는 작은 집에 살며 일상의 노동을 하는 평범한 존과 에드워드에 비해 훨씬 화려하다. 그러나 삶을 채우는 것들은 거창한 삶이나 평범한 삶이나 양쪽 모두 똑같고, 위인과 범인의 인생 총량 역시 같다. 그런데 알프레드 대왕*과 스칸데르베그**와 구스타부스***는 왜 그토록 각별히 존경을 받을까? 그들이 세운 업적 때문이라고 치더라도, 그들의 미덕은 이제 지나간 과거의 일이 아닌가? 그들에게 명성을 안겨준 공적인 발자취에 뒤따랐던 엄청난 보상은 오늘날 평범한 당신의 행동으로도 얻을 수 있다. 독창적인 시각으로 행동한다면 평범한 사람들도 왕의 업적을 비추던 찬란한 광채를 신사적인 자신의 행동으로 옮겨올 수 있다.

세상을 가르친 건 국민의 눈을 완전히 매혹시킨 각국의 왕이었다. 위대한 이 상징을 통하여 세상 사람들은 인간과 인간 사이에 마땅히 오가야할 상호 존중 정신을 배웠다. 왕이나 귀족, 대영주가 자신이 직접 만든 법으로 사람들을 다스리고, 자신만의 잣대로 사람과 물건을 평가하며 백성들의 잣대를 무시하여 혜택을 돈이 아니라 명예로 갚아주더라도, 또한 자신이 곧 법 대신이라 선언하여도 어디서나 사람들이 기쁜 마음으로 바치는 충성심은 민중의 고유한 권리와 정당함, 즉 모든 인간의 권리에 대한 인식을 막연하게나마 상징하는 상형문자였다.

모든 독창적인 행동에서 뿜어져 나오는 매력은 우리가 자신을 믿는 이유를 물어보면 설명이 된다. 믿음의 대상은 누구인가? 보편적 신뢰의 근거가 되는 본래의 자아는 무엇인가? 시차도 없고, 계산 가능한 원소도 없지만, 독립성의 흔적이 조금이라도 드러나면 하찮고 불순한 행동에도 아름다운 빛을 발사하면서 과학을 당혹스럽게 하는 저 별의 본질과 힘은 무엇인가? 이런 질문을 던지다 보면 우리가 자발성 또는 본능이라고 부르는 바로 그 근원, 즉 천재성과 미덕과 삶의 정수로 곧장 이어진다. 우리는 이 근본적인 지혜를 직관이라고 부르는 반면, 추후에 얻어지는 모든 가르침은 교육이다. 그 심오한 힘, 더는 파고들어 분석할 수 없는 궁극의 사실 속에는 모든 사물의 공통적인 근원이 존재한다. 우리로선 영문을 알지 못하지만, 고요한 순간 영혼에서 솟아오르는 존재의 감각은 사물, 공간, 빛, 시간, 인간과 별개의 것이 아니라 그들과 하나이며, 그들의 생명과 존재가 탄생한 것과 똑같은 근원에서 비롯된 것이 분명하다. 처음엔 만물의 존재 원천인

• 9세기 바이킹의 침입으로부터 잉글랜드를 구하여 앵글로색슨 왕국의 전통과 문화를 유지하는데 기여하였다.
•• 15세기 중세 알바니아의 민족 영웅으로 오스만제국 군대를 격퇴하고 북알바니아를 통일하였다.
••• 스웨덴의 역대 왕 중에서 가장 사랑받는 왕으로, 16세기 30년 전쟁에 뛰어들어 스웨덴을 북유럽 제일의 대국으로 끌어올렸다.

생명을 우리도 공유하다가, 나중엔 그것을 자연에서 벌어지는 현상으로 보게 되면서, 우리가 그들과 근원을 공유했다는 사실을 잊고 만다. 인간의 행동과 생각의 원천은 바로 여기다. 인간에게 지혜를 선사하고, 불경스러운 무신론자가 아니고서는 부인할 수 없는 영감을 불어넣어주는 허파가 바로 이곳이다. 우리는 엄청난 지성의 무릎 위에 누워 있으며, 지성은 우리에게 진실을 안겨주고 행동하는 기관으로 만들어준다. 우리가 정의를 분별하고 진실을 분별할 때, 우린 그저 그 빛이 통과하도록 내버려둘 뿐 우리 스스로는 아무 일도 하지 않는다. 그 빛이 어디에서 오는 것인지 우리가 묻는다면, 영혼의 근원을 파헤치려 한다면, 모든 철학을 동원해도 소용없다. 우리가 확인할 수 있는 것은 다만 지성의 존재나 부재뿐이다. 모든 인간은 마음에서 저절로 우러나온 행동과 무의식적인 지각을 구별할 수 있으며, 완벽한 믿음은 무의식적인 지각에서 비롯된다는 걸 알고 있다. 이 둘을 겉으로 표현할 때 실수를 범할 수는 있겠지만, 밤과 낮처럼 서로 다르기 때문에 갈등을 빚지는 않는다. 내가 의도적으로 한 행동과 그 결과는 그때그때 달라진다. 아주 멍한 상태에서 떠올린 공상과 희미하지만 날것 그대로의 감정은 나의 호기심과 존경심을 다스린다. 경솔한 사람들은 무의식적인 지각의 표현을 흔한 의견만큼이나 쉽게 반박하거나, 더 쉽게 무시해버리는데, 그건 지각과 생각을 구분하지 못하기 때문이다. 그들은 우리가 마음대로 이것저것 선택해서 볼 수 있다고 생각한다. 그러나 지각은 기분에 따라 달라지는 것이 아니라 숙명적이다. 만일 내가 어떤 특징을 발견했다면, 비록 나 이전에는 아무도 그것을 알아볼 기회가 없었더라도 나의 후손 역시 내 뒤를 이어 그것을 알아볼 것이고, 시간이 지나면 전 인류가 알게 될 것이다. 그것을 깨달은 나의 지각은 태양만큼이나 확실한 사실이기 때문이다.

인간의 영혼과 성령(聖靈, divine spirit)의 관계는 너무도 순수하여서 둘 사이에 도움을 개입시키는 것이 오히려 불경한 일이다. 신의 말씀은 하나의 대상과 대화를 나누는 것이 아니라 세상의 만물과 나누는 소통이다. 신께서는 당신의 목소리로 온 세상을 채우며, 현존하는 생각의 중심으로부터 빛, 자연, 시간, 영혼을 널리 퍼뜨려 새로운 날과 새로운 세상을 창조한다. 순수한 마음으로 신성한 지혜를 받아들일 때마다 낡은 것들은 사라지며, 수단과 스승과 경전과 신전이 무너져 내린다. 순수한 마음은 늘 현재를 살며, 과거와 미래를 현재의 시간 속으로 흡수한다. 세상 모든 것들은 똑같이 그 마음과 닿아 신성해진다. 모든 것들은 각각의 명분에 따라 본래의 중심으로 녹아들고, 사소하고 개별적인 기적들은 보편적인 기적 속에서 사라져 버린다. 그러므로 신을 잘 안다면서 신에 대한 이야기를 늘어놓는 사람이 나타나, 다른 나라 다른 세계에 속한 어느 낡고 썩어빠진 민족의 언어로 당신을 회귀시키려 한다면, 그를 믿어선 안 된다. 풍성하고 완벽하게 자란 참나무보다 도토리가 더 나을까? 자신의 성숙한 존재를 빚어 넣은 자식보다 부모가 더 나은 인간일까? 그렇다면 이러한 과거에 대한 숭배는 어디에서 온 것인가? 수백 년의 세월은 영혼의 온전함과 권위를 망가뜨리는 모사꾼이다. 시간과 공간은 눈이 만들어낸 생리학적인 색채에 불과하지만 영혼은 빛이어서, 빛이 현재 있는 곳은 낮이고, 이전에 있었던 곳은 밤이다. 따라서 역사는 나의 존재와 변화에 대한 유쾌한 우화이거나 비유를 넘어선다 하더라도 기껏해야 무례함과 상처만 남길 뿐이다.

인간은 소심하고 변명을 일삼는다. 인간은 더 이상 정직하지 않다. '나는 생각한다', '나는 이런 사람이다'라고 감히 말을 하지 못하고 성인이나 현자의 말을 인용할 뿐이다. 인간은 풀잎이나 피어나는 장미꽃 앞에서도 부끄러움을 느낀다. 내 방 창가에 피어난 장미는 전에 피어났던 장미나 더 예쁜 장미와 자신을 비교하지 않는다. 그 꽃들은 있는 그대로의 자신을 위해 존재하며, 신과 함께 오늘을 살아간다. 그들에겐 시간이 존재하지 않는다. 그저 장미가 있을 뿐이다. 장미는 존재하는 매 순간 완벽하다. 잎눈이 싹트기 이전부터 장미의 생명력은 온 힘을 다해 활동하며, 활짝 피어난 꽃에 더 많은 생명이 들어있는 것도 아니고, 잎이 떨어져 뿌리만 있더라도 그 생명력이 덜하지 않다. 장미의 본성은 모든 순간 충족되고, 똑같이 장미도 매 순간 자연을 만족시킨다. 그러나 인간은 일을 뒤로 미루거나 기억한다. 현재를 살지 못하고 눈을 돌려 과거를 탄식하거나 자신의 주변을 둘러싼 풍요로움에는 무심한 채 까치발로 서서 미래를 내다본다. 인간 역시 시간을 초월하여 자연과 더불어 현재를 살지 않는 한은 행복해지지도 강해지지도 못한다.

이것은 너무도 명백한 사실이다. 그러나 제아무리 뛰어난 지성을 지닌 사람들도 내가 모르는 다윗이나 예레미아나 바울의 언어로 들려주지 않는 한은 감히 신께서 직접 한 말씀도 듣지 않으려 한다. 몇 가지 경전이나 몇몇 인물의 삶에 항상 그토록 높은 가치를 두어서는 곤란하다. 우리는 할머니와 가정교사의 문장을 기계적으로 반복해 따라하는 아이들과도 같아서, 점점 자라서는 우연히 만나게 되는 재능 있는 사람들과 인품 있는 사람들의 말을 고스란히 기억하려고 힘겹게 애쓰며 똑같이 따라한다. 나중에 그런 말들을 했던 사람들의 관점에 도달해 그들을 이해하게 되면 우리는 기꺼이 그 말들을 떠나보낸다. 이제는 필요한 경우에 언제라도 적당한 말을 할 수 있게 되었기 때문이다. 진실하게 산다면 진실하게 바라보게 될 것이다. 강한 사람은 강해지고 약한 사람은 약해지는 것만큼이나 쉬운 일이다. 새로운 지각을 얻게 되면 우리는 보물처럼 쌓아두었던 기억을 오래된 쓰레기처럼 기꺼이 내다버리게 될 것이다. 신과 함께 살아가는 인간의 목소리는 졸졸 흘러가는 시냇물 소리와 옥수수 이삭이 흔들리는 소리처럼 감미로울 것이다.

그런데 마지막으로 이 주제에 관한 가장 고귀한 진실은 아직 언급되지 않았다. 어쩌면 말로는 설명할 수 없을 것이다. 우리가 말하는 모든 것은 직관에서 멀리 떨어져 있는 기억이기 때문이다. 지금 내가 그것에 가장 가까이 다가가 말로 표현할 수 있는 생각은 이러하다. 선(善, good)이 당신 곁에 다가왔을 때, 당신이 스스로 삶을 누리고 있을 때, 그것은 이미 알려졌거나 익숙한 방식으로 찾아오지 않는다. 당신은 다른 누구의 발자취도 구분하지 못할 것이며, 인간의 얼굴을 보지 못할 것이며, 그 어떤 이름도 듣지 못할 것이다. 그 방식과 생각, 선은 완전히 낯설고 새로움으로 다가올 것이다. 선례와 경험도 배제될 것이다. 당신은 인간으로부터 그 길을 얻어낼 뿐, 인간에게 전달하지는 않는다. 지금껏 존재했던 모든 사람들은 그 길에 잊힌 대리인이다. 공포와 희망은 똑같이 그 아래 존재한다. 심지어 희망에도 다소 저열함이 깃들어 있다. 미래를 내다보는 시간에도 감사라고 부를만한 것이나 제대로 기쁨이라 여길 것은 아무것도 없다. 열정을 뛰어넘은 영혼은 주체성과 영원한 인과관계를 바라보며, 진리와 정의가 스스로 존재함을 자각하고, 모든 것이 잘 풀릴 것을 알기에 스스로 평온함을 유지한다. 대서양과 남해 같은 자연의 거대한 공간도, 수백 년에 걸친 긴 시간의 간격도 중요하지 않다. 내가 생각하고 느끼는 이것은 나의 현재를 뒷받침하고 있듯이 과거 모든 삶의 단계와 상황을 구성한 밑바탕이 되었으며, 삶과 죽음이라 불리는 것의 근간을 이루고 있다.

삶은 단지 유용할 뿐, 살아오며 얻은 소유물은 부질없다. 휴식의 순간에는 힘이 사라진다. 힘은 과거에서 새로운 상태로 옮겨가는 순간, 깊은 구렁을 뛰어넘는 순간, 목표를 향해 돌진하는 순간에 존재한다. 세상은 영혼이 변화한다는 이 한 가지 사실을 싫어한다. 과거의 가치를 영원히 떨어뜨리고, 모든 풍요로움을 빈곤으로, 모든 명성을 수치로 바꾸어놓으며, 성자와 악당을 혼동하여 예수와 유다를 똑같이 밀

처내기 때문이다. 그렇다면 우리는 왜 자기 신뢰에 대해서 이토록 주절대고 있는가? 영혼이 존재하는 한, 그곳엔 자신감이 아닌 동기로 작용하는 힘이 뒤따를 것이다. 신뢰를 논하는 것은 빈약하고 피상적인 말하기 방식이다. 차라리 신뢰의 대상에 대하여 이야기하는 것이 낫다. 그편이 효과적이고 대상은 실제로 존재하기 때문이다. 나보다 더 복종심이 강한 사람은 손가락 하나 까딱하지 않으면서도 나를 지배한다. 나는 정신의 인력에 끌려 그 사람 주변을 맴돌 수밖에 없다. 탁월한 미덕에 대하여 이야기할 때 우리는 그것을 과장된 미사여구라고 생각한다. 우리는 미덕이 최고의 절정이며, 유연한 태도로 원칙을 마음 깊이 받아들인 개인이나 인간 집단은 그런 미덕을 갖추지 못한 모든 도시와 국가, 왕, 부유한 사람들, 시인들을 압도하고 앞서 나아갈 수밖에 없다는 사실을 아직 알지 못한다.

모든 문제의 해결책이 영원한 축복을 받은 '하나'로 빠르게 귀결된다는 점은 우리가 어떤 주제를 다루든 만나게 되는 궁극적인 사실이다. 자기 존재(self-existence)는 '하느님의 대의(Supreme Cause)'가 선사한 자질이며, 모든 하위 형태에 개입하는 정도에 따라 선의 잣대를 구성한다. 실제로 존재하는 모든 것들은 각자 담아내고 있는 미덕만큼 의미를 지닌다. 상업, 농사, 사냥, 고래잡이, 전쟁, 웅변, 개인의 영향력은 어느 정도 바로 그 미덕의 존재와 불순한 행위의 실례로 나의 관심을 끈다. 대자연에서도 보존과 성장을 위하여 똑같은 법칙이 작용하고 있음을 나는 안다. 자연에서 힘은 올바름의 핵심적인 잣대이다. 자연은 스스로 도울 수 없는 존재가 자신의 왕국에 남아 있는 것을 견디지 못한다. 행성의 탄생과 성장, 균형, 궤도, 강풍에 구부러졌다가 스스로 일어서는 나무, 모든 동식물의 생명의 원천은 자급자족하여 결과적으로 자립하는 영혼을 가리키는 증거이다.

그러므로 모든 것은 한 곳에 집중된다. 떠돌며 방황하지 말고 가만히 앉아 자신의 명분을 생각하자. 단순하게 신성한 사실을 토로하는 것만으로 인간과 책과 제도라는 훼방꾼 무리들을 망연자실 깜짝 놀라게 하자. 신은 바로 이 안에 계시므로, 침입자들에게 신발을 벗으라고 명하라. 우리의 순박함으로 그들을 평가하고, 우리만의 법칙에 따르는 유순함을 바탕으로 자연과 행운이 안겨준 빈곤함은 타고난 우리의 풍요로움에 비하면 얼마나 하찮은지를 보여주자.

그러나 지금 우리는 오합지졸이다. 인간은 인간에게 경외심을 품지 않으며, 자신의 재능이 권하는 대로 집에 머물면서 내면의 바다와 소통하는 대신에 밖으로 나가 남의 항아리에 담긴 물 한 잔을 구걸한다. 우리는 홀로 가야한다. 나는 그 어떤 설교보다도 예배가 시작되기 전의 고요한 교회가 더 좋다. 각자 전용 좌석이나 성소에 둘러싸여 앉아 있는 사람들의 표정은 얼마나 고고하고 서늘하며 정숙한가! 그러니 우리도 늘 앉아 있도록 하자. 우리 집 난로에 함께 둘러 앉아있다고 해서, 혹은 같은 피를 나누었다고 해서, 왜 우리가 친구나 아내, 아버지, 자식의 잘못을 책임져야 하는가? 모든 인간은 나와 피를 나누었으며, 나 또한 모든 인류의 피를 나눠가졌다. 그렇다고 해서 수치

심을 느끼는 지경까지도 그들의 무례함과 어리석음을 받아줄 이유
는 없다. 그러나 고립은 물리적인 것이 아니라 정신적인 것이어야 하
며, 말하자면 정신적 고양을 이루어야 한다. 때로는 온 세상이 공모하
여 사소하지만 강렬한 일로 당신을 성가시게 구는 것처럼 보이는 경
우가 있다. 친구, 고객, 자녀, 질병, 공포, 결핍, 자선, 모두 한꺼번에 찾
아와 당신의 방문을 두드리며 '우리를 보러 나와 달라'고 말한다. 그
러나 당신의 현 상태를 유지하라. 그들의 혼란 속으로 들어가선 안 된
다. 나를 괴롭히기 위하여 사람들이 휘두르는 힘은 나약한 호기심 때
문에 내가 그들 손에 쥐어 준 것이다. 나의 행동을 통하지 않고서는
어느 누구도 내 곁에 다가올 수 없다. "우리는 우리가 가진 것을 사랑
하지만, 욕망 때문에 스스로 그 사랑을 잃는다."

　순종과 신앙이라는 성스러운 경지로 곧장 오를 수는 없더라도 최
소한 유혹에는 저항하자. 전투태세로 돌입하여, 우리 색슨인의 가슴
속에 토르와 오딘을 일깨워 용기와 충정을 갖추자. 그런 마음은 평화
로운 시기에 진실을 말함으로써 얻어진다. 거짓된 호의와 거짓 애정
을 확인하라. 더는 우리와 대화를 나누며 속임수에 넘어가 속이려는
사람들의 기대에 맞춰 살지 말라. 그들에게 이렇게 말하라.

　오 아버지, 오 어머니, 오 아내여, 오 형제여, 오 친구여, 나는 이제
껏 겉모습을 좇아 당신들과 살아왔습니다. 앞으로는 진실의 편에 설
것입니다. 이제부터는 영원불변의 법칙이 아닌 한 그 어떤 법에도 복

종하지 않을 것임을 당신들에게 알립니다. 나의 근친 이외에는 경제적인 도움을 주지 않겠습니다. 부모님을 모시고 가족을 부양하고 한 아내의 정숙한 남편이 되려고 노력하겠지만, 이들과의 관계도 새롭고 전에 없던 방식으로 지속될 것입니다. 나는 당신들의 인습에 호소합니다. 나는 내 자신이 되어야 합니다. 더 이상은 당신들을 위하여 나 자신이나 당신들을 망가뜨릴 수 없습니다. 당신들이 있는 그대로의 나를 사랑할 수 있다면 우리는 더 행복해질 것입니다. 당신들이 그렇게 못하겠다고 해도, 나는 여전히 당신들에게 그런 대우를 받을 방법을 찾을 것입니다. 나의 취향과 싫어하는 것을 감추지 않겠습니다. 심오한 것이 신성하다는 확고한 믿음을 바탕으로, 나의 내면을 기쁘게 하고 마음이 동하는 일은 무엇이든 해와 달 앞에서 당당히 행동할 것입니다. 당신들이 고귀하게 행동하면 나는 당신들을 사랑할 것입니다. 그러나 당신들이 고귀하지 못하더라도 가식적인 관심을 기울여 당신들과 나 자신에게 상처를 주지는 않겠습니다. 당신들이 진실하다고 해도 나와 같은 진실을 믿는 것이 아니라면, 그 진실은 당신의 친구에게나 가져가십시오. 나는 나와 어울리는 친구를 찾겠습니다. 이기적인 마음이 아니라, 겸손하고 진실된 마음으로 그렇게 행동할 것입니다. 그동안 우리가 얼마나 오래 거짓 속에서 살아왔든, 진실하게 사는 것은 당신과 나, 모든 인류를 위한 행동입니다. 지금 당장은 너무 심한 말로 들릴까요? 그러나 당신들도 나의 본성뿐만 아니라 당신들의 본성이 전하는 말을 사랑하게 될 것이며, 우리가 진실을 좇으면 그 진실은 결국 우리를 안전하게 지켜줄 것입니다.

하지만 이런 말은 친구들에게 고통을 안겨줄 수도 있을 것이다. 그렇다, 하지만 그들의 감성을 지켜주기 위하여 내 자유와 힘을 내다팔 순 없는 일이다. 게다가 누구든 절대 진리의 영역에 들어가 살펴보면 이성을 되찾는 순간이 있게 마련이므로, 그때가 되면 그들도 내가 옳았음을 인정하고 똑같이 행동할 것이다.

당신이 대중적인 기준을 거부하면, 세상 사람들은 모든 기준을 거부하는 것으로 생각하여 단순한 도덕률 폐지론자라고 여긴다. 또한 뻔뻔한 관능주의자들은 철학의 이름으로 자신의 죄를 표장하려 들 것이다. 그러나 인식의 법칙은 사라지지 않는다. 참회에는 두 가지 방식이 있으며, 우리는 둘 중 어느 한 가지 방식으로 속죄를 빌어야 한다. 직접적인 방식으로, 혹은 간접적인 투영의 방식으로 자신을 정화하여 속죄의 의무를 다할 수 있을 것이다. 당신은 아버지, 어머니, 사촌, 이웃, 마을, 고양이 개와 맺은 관계를 충족시켰는지, 그들 중 누구라도 당신을 질책할 이가 있는지 생각해보라. 그러나 우리는 이러한 외적인 반영 기준을 무시하고 스스로 자신의 죄를 용서할 수도 있다. 우리는 우리만의 확고한 주장과 완벽한 세계를 지니고 있다. 그곳에선 흔히 의무로 불리는 수많은 일을 의무로 받아들이기를 거부한다. 그러나 그로 인한 빚을 갚을 수 있다면, 우리는 대중적인 기준에서 벗어날 수 있을 것이다. 이 법칙이 너무 느슨하다고 생각하는 사람이 있다면, 하루 동안 직접 이 규범을 직접 실천해보라고 하자.

인간성에서 비롯되는 평범한 동기를 내던지고서 과감하게 자신을 믿으며 일의 주체가 되고자 하는 사람은 정녕코 자신의 내면에 어딘가 신과 같은 자질을 갖추어야 한다. 마음은 드높고 의지는 건실하며 시야가 맑아서, 그는 혼자서도 진심으로 교리와 사회와 법이 될 수 있으며, 단순한 목적도 그에게는 다른 사람들이 꼭 지켜야하는 철직만큼이나 강한 구속력을 지닌다!

차별 사회라고 불리는 곳의 현재 양상을 고려하면, 이러한 윤리의 필요를 누구든 깨닫게 될 것이다. 인간의 힘줄과 심장을 빼앗기기라도 한 듯이 우리는 소심하고 낙담한 울보가 되었다. 우리는 진실을 두려워하고 행운을 두려워하고 죽음을 두려워하고 서로를 두려워한다. 우리 시대는 위대하고 완벽한 인물을 배출하지 못한다. 우리는 삶과 사회 단계를 개혁해줄 남녀가 나오기를 바라지만, 대부분의 인물들은 무능하여 자신이 바라는 것조차 만족시키지 못하며, 실제 능력에 전혀 어울리지 않는 야망을 품고서 밤낮으로 끊임없이 남들에게 의존하고 구걸하는 모습을 보인다. 집안 살림은 구걸로 운영되고, 우리의 예술, 직업, 결혼, 종교는 우리가 선택한 것이 아니라 사회가 우리에게 선택해준 것이다. 우리는 말만 앞세우는 군인들이다. 힘의 원천인 운명의 거친 싸움터를 우리는 회피하고 있다.

우리 사회의 젊은이들은 처음 사업에서 실패하면 완전히 낙담한다. 젊은 상인이 실패하면 사람들은 그가 끝장났다고 말한다. 최고의 천재가 대학에서 공부를 마치고 1년 안에 보스턴이나 뉴욕 같은 대도시나 교외에 있는 회사에 자리를 잡지 못하면, 그의 친구들과 본인은 완전 낙심하여 남은 평생 불평을 하며 살아도 괜찮다고 생각하는 듯하다. 반면에 뉴햄프셔나 버몬트 같은 지방 출신의 건장한 청년은 차례로 온갖 직업에 도전하여, 가축을 돌보고, 농사를 짓고, 행상도 하고, 학교를 운영하고, 설교도 하고, 신문을 편집하고, 의회에 들어가고, 땅을 사는 등 수십 년간 노력하며, 언제든 부드럽게 착지하는 고양이처럼 역경 속에서도 늘 승승장구하는데, 이런 청년은 인형 같은 도시 청년 백 명과 맞먹는 가치가 있다. 그는 자신의 인생과 나란히 걸으며 '한 가지 직업에 몰두'하지 않은 것에 대해 수치심을 느끼지 않는다. 그는 자신의 삶을 뒤로 미루지 않고 이미 살아가고 있기 때문이다. 그에겐 단 한 번의 기회가 아니라 수백 가지 기회가 찾아온다. 스토아 학자를 불러와서 인간의 역량을 펼치게 하자. 인간은 기대어 자라는 버드나무가 아니라 스스로 일어설 수 있고 반드시 홀로 일어서야 하며, 자기 신뢰를 실천함으로써 새로운 힘이 생겨날 것이라고, 신의 말씀을 육신으로 만든 것이 인간이기에 수많은 사람들을 치유하기 위하여 태어났다고, 우리의 동정을 받는 것을 부끄러워해야 한다고, 법률과 책과 우상과 인습을 창밖으로 내던져 버리고 자신의 의지에 따라 행동하는 순간, 우리는 더 이상 그를 동정하지 않고 감사하며 존경하게 될 것이라고 스토아 학자를 시켜 사람들에게 설명하게 하자. 그러면 그 스승의 가르침으로 인간의 삶은 영광을 되찾게 되고,

그의 이름은 모든 역사에 길이 새겨질 것이다.

자립하려는 마음이 더 크면 클수록 종교, 교육, 취미, 생활양식, 유대, 재산, 사고방식의 측면에서 모든 지위와 인간관계에 혁명이 일어날 것임을 쉽게 알 수 있다.

1. 사람들은 어떤 기도에 몰두하는가! 사람들이 성직이라고 부르는 일은 그리 용감하지도 남자다운 직업도 아니다. 기도는 먼 곳을 바라보며 무언가 이질적인 미덕을 통하여 유입되는 이질적인 가치가 더해지기를 빌면서, 자연과 초자연, 중재와 기적이 만들어내는 끊임없는 미로 속에서 스스로 길을 잃는다. 보편적인 선이 아니라 특정한 혜택을 간청하는 기도는 사악하다. 기도는 가장 높은 관점에서 인생의 여러 현실을 명상하는 행위다. 기도는 인생을 바라보며 환희에 찬 영혼의 독백이다. 기도는 당신의 업적을 선하다고 선언하는 신의 정신이다. 그러나 개인적인 목적을 이루려는 수단으로 올리는 기도는 비열한 도둑질이다. 그런 기도는 자연과 의식이 하나로 일치되지 못하고 둘로 갈라진다. 인간은 신과 하나가 되는 순간 곧 애원하지 않게 된다. 그렇게 되면 인간은 모든 행동에서 기도를 발견한다. 김을 매러 간 들판에서 무릎을 꿇고 올리는 농부의 기도, 노를 저으며 무릎을 꿇은 뱃사공의 기도는 비록 값싼 목적을 위한 것이지만 온 자연을 통해 들려오는 진정한 기도다. 플레처의 희곡 『본두카(Bonduca)』에서 카라타크는 신 아우다테의 마음을 물어보라는 충고에 이렇게 대꾸한다.

신의 숨은 뜻은 우리의 노력 속에 있고
용기는 우리에게 최고의 신이다.

또 다른 종류의 거짓 기도는 후회다. 불만은 자기 신뢰의 결핍으로
생겨나며 약한 의지력 탓이다. 고통받는 사람을 후회로 도울 수 있다
면 재앙을 후회하라. 그게 아니라면 본인 일에나 신경 써라. 그러면
이미 문제가 해결되기 시작할 것이다. 동정심도 마찬가지로 저열하
다. 어리석게 울부짖는 사람을 보면 우리는 그들에게 다가가 곁에 앉
아 함께 울어주는데, 그것은 강한 전기 충격을 주듯이 건강한 진실로
그들을 일깨워주는 대신 그들에게 또 한 번 자신의 논리에 빠져들게
하는 몹쓸 행동이다. 행운의 비밀은 우리가 손에 쥐고 있는 기쁨 속에
존재한다. 신과 인간에게 모두 항상 환영받는 사람은 스스로 돕는 사
람이다. 그런 사람에겐 모든 문이 활짝 열려 있다. 그에게는 모든 이
들이 인사를 건네고, 모든 영광이 쏟아지고, 갈망을 담은 모든 이들이
시선이 그를 따라다닌다. 그에겐 우리 사랑이 필요 없었기 때문에 우
리 사랑은 그를 찾아가 감싸 안는다. 그가 자신의 길을 고수하며 우리
의 반감을 비웃었기 때문에, 우리는 걱정스레 사죄하는 마음으로 그
를 달래고 축복한다. 사람들이 그를 싫어했기 때문에 신은 그를 사랑
한다. 조로아스터는 이렇게 말했다. "인내하는 인간에게 신성한 신은
빠르게 찾아온다."
인간의 기도가 의지력의 질병인 것처럼, 교리는 지성의 질병이다.

저 어리석은 이스라엘 백성들과 함께 사람들은 이렇게 말한다. "당신이 우리에게 말씀하소서, 우리가 들으리이다. 하느님이 우리에게 말씀하시지 말게 하소서, 우리가 죽을까 하나이다."* 어딜 가든 나는 형제님의 신과 만나는 데 방해를 받는다. 왜냐하면 그 형제님은 자기만의 성전은 문을 걸어 닫고서, 자기 형제의 신, 혹은 형제의 형제의 신에 대한 우화를 단순히 암송하고 있기 때문이다. 새로운 마음은 모두가 새로운 유형이다. 로크, 라부아지에, 허턴, 벤담, 푸리에처럼 비범한 행동과 힘을 지닌 마음으로 입증되면, 그것은 다른 사람들에게도 생각의 유형을 적용하고 새로운 체계를 이룬다! 그 사상의 깊이에 비례하여, 그리고 그 사상을 받아들인 추종자의 역량 안에서 적용되는 대상의 수에 비례하여 만족감은 높아진다. 그러나 이러한 경향이 주로 뚜렷하게 드러나는 곳은 교리와 교파이며, 교리와 교파 역시 인간의 의무에 대한 근본적인 생각, 그리고 인간과 신의 관계에 영향력을 미치는 막강한 정신을 분류한 유형에 속한다. 캘빈주의, 퀘이커교, 스베덴보리교가 바로 그 유형이다. 식물학을 방금 배운 소녀가 새로운 시선으로 대지와 지나가는 계절을 새롭게 바라보며 기뻐하듯이, 추종자들은 새로운 사상의 용어에 모든 것을 적용하면서 그와 똑같은 기쁨을 느낀다. 한동안 제자들은 스승의 마음을 연구하며 자신의 지적 능력이 성장했다고 느낄 것이다. 그러나 마음의 균형이 잡히지 않은 사람들에게 사상 유형은 우상화되어, 빠르게 고갈될 수 있는 수단이 아니라 목적으로 여겨지게 되고, 그러다가 새로운 체계의 벽이 그들의 눈에는 저 멀리 지평선에 서 있는 우주의 장벽과 뒤섞여 보이면서, 하늘에서 빛나는 것들이 자기네 스승이 지은 천장에 매달려 있다고 보는 지경에 이른다. 그들은 외부인인 우리가 어떻게 빛을 볼 수 있는 권리를 가졌는지, 어떻게 볼 수 있는지 상상도 하지 못한다. '어떻게 해서든 당신들이 우리 빛을 훔쳐갔겠지.'라고 생각할 따름이다. 체계와도 상관없고 굴복될 수 없는 빛은 어느 오두막이라도 스며든다는 것을, 심지어 그들의 오두막도 비춘다는 것을 그들은 이해하지 못한다. 그러니 당분간은 그들이 마음껏 재잘거리며 빛을 소유했다고 우기도록 내버려두자. 그들이 정직하고 올바르게 행동한다면, 지금은 아늑한 그들의 새 보금자리도 곧 너무 누추하고 보잘것없어지면서 금이 가고 기울고 썩어 사라지게 될 것이다. 그러면 줄곧 젊음과 환희에 가득 차, 무수한 갈래와 무수한 색채로 반짝이던 불멸의 빛은 천지창조의 새벽처럼 온 우주를 비출 것이다.

2. 이탈리아, 영국, 이집트를 우상처럼 숭배하는, 여행이라는 미신이 교양 있는 모든 미국인을 매혹하는 이유는 자기 수양이 부족하기 때문이다. 상상 속의 영국, 이탈리아, 그리스를 꼭 가보고 싶은 장소로 만든 사람들은 오히려 지구의 축처럼 자신들이 살던 터전을 고수했다. 인간임을 되돌아보는 시간이 되면 우리는 우리가 속한 공간을

• 출애굽기 20장 19절.

지켜야할 의무감을 느낀다. 영혼은 여행자가 아니다. 현명한 사람은 집에 머물며, 이따금 필요와 의무 때문에 집을 벗어나야한다거나 혹은 외국에 나가야할 때에도 그는 여전히 집에 있는 셈이어서, 얼굴 표정을 통하여 그의 외유는 지혜와 미덕의 사절단으로 떠난 것이며, 막무가내 상인이나 시종이 아니라 제왕처럼 도시와 사람들을 방문한다는 사실을 그곳 사람들에게 일깨워준다.

우선 자국 문화에 익숙해진 사람이어서 예술과 학문, 자선을 목적으로 삼는다거나, 자신이 알고 있는 것보다 무언가 더 위대한 것을 찾겠다는 희망으로 외국에 나가는 것이 아니라면, 나도 세계 일주 여행을 막무가내로 반대하는 것은 아니다. 그러나 즐거움을 누리기 위하여, 혹은 자신이 갖지 못한 것을 얻기 위하여 여행을 하는 사람은 자기 자신을 버려두고 떠난 처지여서, 옛것들에 둘러싸이면 젊은 나이에도 늙어버린다. 테베에서, 팔미라에서, 그의 의지와 마음은 고대도시들만큼이나 늙고 황폐해진다. 그는 폐허의 몸으로 폐허를 돌아다닌다.

여행은 바보들의 천국이다. 첫 여행을 떠나보면 장소가 별 상관이 없다는 것을 깨닫게 된다. 집에서 나폴리와 로마로 떠나는 꿈을 꾸면, 그 아름다움에 도취되어 슬픔을 잊을 수 있을 것만 같다. 짐을 꾸려 친구들과 포옹으로 작별을 하고 항해를 시작하여 마침내 나폴리에서 깨어나 보면, 엄혹한 현실과 서글픈 자아가 내가 도망쳤던 모습 그대로 무자비하게 변함없이 내 옆을 지키고 있다. 바티칸과 왕궁을 찾아간다. 풍경과 연상에 도취된 척해보지만, 나는 도취되지 않는다. 거인

같은 나의 자아는 어디를 가든 나를 따라다닌다.

   3. 그러나 여행의 유행은 전반적인 지적 활동에 영향을 미치는 불건전함을 나타내는 징후이다. 지성인은 방랑하게 마련인데 우리의 교육체계는 그 불안감을 조장한다. 몸이 강제로 집에 머물러야하는 상황이 되면 우리의 마음은 여행을 떠난다. 우리는 모방한다. 모방은 곧 마음의 여행에 불과하지 않을까? 우리는 이국적인 취향에 맞춰 집을 짓고, 외국 기념품으로 선반을 장식하며, 우리의 의견, 취향, 능력은 과거와 머나먼 곳을 향해 기울어져 그대로 따른다. 예술이 번성한 곳이면 어디든 인간의 영혼은 예술을 창조했다. 예술가가 찾아 헤맨 전범은 바로 자신의 마음속에 있었다. 예술은 그가 품어야할 생각과 관찰해야할 상황을 적용한 결과물이다. 그렇다면 우리가 왜 도리아식이나 고딕 양식의 전범을 모방해야하는가? 아름다움, 편리함, 장엄한 생각, 진기한 표현은 다른 이들 만큼이나 우리 곁에도 가까이 존재한다. 그러므로 미국인 예술가가 희망과 애정을 품고서, 기후와 토양, 낮의 길이, 사람들의 요구사항, 정부의 관례와 형태를 고려하여 자신이 해내야할 일을 정확히 연구한다면, 그 모든 조건에 잘 부합하면서도 사람들의 취향과 감정에도 흡족한 집을 지을 수 있을 것이다.
   자기 자신을 고집하라, 결코 모방하지 말라. 자신만이 지닌 타고난 재능은 평생 성장하며 힘을 축적하여 언제라도 내보일 수 있지만, 다른 사람에게서 빌려온 재능은 임시로 절반만 소유하고 있을 뿐이다.

각자 가장 잘할 수 있는 것을 인간에게 가르쳐줄 수 있는 사람은 조물주뿐이다. 그것이 무엇인지는 아무도 알지 못하고, 사람이 재능을 펼쳐 보이기 전까지는 알 수도 없다. 셰익스피어를 가르칠 수 있는 스승이 어디 있겠는가? 프랭클린, 워싱턴, 베이컨, 뉴턴에게 가르침을 줄 수 있는 스승이 어디 있겠는가? 위대한 인간은 모두 유일무이하다. 스키피오 덕분에 생겨난 개인적 영웅주의 풍조를 뜻하는 스키피오주의는 그가 다른 이에게서 빌려올 수 없었던 바로 그 고유한 부분이다. 셰익스피어를 연구한다고 해서 결코 셰익스피어를 만들어낼 순 없을 것이다. 당신 몫으로 주어진 일을 하라, 그러면 너무 많은 것을 바라거나 감히 너무 많은 것을 시도하지는 못할 것이다. 바로 그 순간 페이디아스*의 거대한 끌이나 이집트인들의 삽, 모세나 단테의 펜만큼이나 과감하고 장엄하지만, 그들과는 또 전혀 다른 당신만의 표현력이 발휘된다. 그렇다고 해서 당신도 반복해서 복제가 가능한 천 갈래의 혀로 달변이 되거나 풍요로운 영혼을 전부 갖출 수는 없겠지만, 저들과 같은 선조가 남긴 이야기를 들을 수 있고 그들과 같은 어조로 화답할 수 있을 것이다. 귀와 혀는 둘로 나뉘어 있지만 본질이 같은 기관이기 때문이다. 그대 인생이 자리 잡고 있는 소박하고 고귀한 영역에서 지내며 그대의 마음이 시키는 대로 복종하라, 그러면 찬란했던 과거의 세상을 다시 재현할 수 있을 것이다.

4. 우리의 종교, 교육, 예술이 외국으로 눈을 돌리듯이 우리 사회의

정신도 해외로 향하고 있다. 모든 인간은 자신도 사회 발전에 기여했다고 뽐내지만, 사회를 발전시킨 인간은 아무도 없다.

사회는 결코 진보하지 않는다. 어느 한 쪽이 앞으로 나아가면 다른 쪽이 그만큼 빠르게 후퇴한다. 사회는 끊임없는 변화를 겪는다. 야만적인 사회도 있고 문명화된 사회도 있고 기독교 사회도 있고 부유하고 과학적인 사회도 있다. 그러나 이런 변화는 개선이 아니다. 무슨 일이든 하나를 얻으면 무언가는 빼앗기게 마련이다. 사회가 새로운 기술을 획득하면 과거의 본능을 잃는다. 옷을 잘 차려입고 시계와 연필을 지녔으며 주머니엔 어음이 들어 있어서 읽고 쓰고 생각하는 미국인과, 재산이라고는 곤봉 하나, 창 한 자루, 깔개 하나, 칸막이도 없이 스무 명이 함께 자야하는 움막 한 채가 전부인 벌거숭이 뉴질랜드 원주민은 얼마나 대조적인가! 그러나 이 둘의 신체적 건강을 비교해보면 백인이 본래 타고난 힘을 잃어버렸다는 것을 알 수 있다. 여행자들이 우리에게 들려준 말이 진실이라면, 야생에 사는 이들은 도끼로 부상을 입어도 마치 부드러운 송진을 후려친 것처럼 하루이틀이면 살이 돋아나 치유된다지만, 백인이 똑같은 부상을 입으면 무덤으로 향하게 될 것이다.

문명인은 마차를 만들었지만, 발로 걷는 법을 잊어버렸다. 목발을 짚고 있으면 근육이 지탱해주는 엄청난 힘을 잃게 된다. 고급 스위스

• Phidias, BC 5세기경에 활약한 고대 그리스 조각가.

시계를 차고 있지만, 태양을 보고 시간을 알아내는 기술은 잊고 말았다. 그리니치 천문대 덕분에 항해에 필요한 천체 달력을 얻었기에 원할 때 언제나 확실한 정보를 알 수 있지만, 거리의 평범한 사람들은 하늘에 뜬 별 하나도 알아보지 못한다. 하지와 동지를 구분하지 못하고 춘분과 추분도 거의 알지 못하며, 일 년 내내 시기를 알리는 천체 달력이 떠 있어도 인간의 마음속엔 숫자판이 없어 깨닫지 못한다. 수첩 때문에 기억력은 나빠지고, 서재에 가득한 책들은 인간의 지력이 감당하기엔 너무 많으며, 보험회사 탓에 사건사고 숫자가 늘어난다. 그래서 오히려 기계가 삶을 방해하는 것은 아닌지, 인간의 일부 능력이 순화되면서 체제와 형식에 깊이 뿌리 내린 기독교 때문에 야성의 미덕이 지닌 활기를 잃어버린 것은 아닌지 의문이 들 수도 있다. 모든 스토아학파 학자들은 금욕주의자였으나, 기독교 사회에서 진정한 기독교인은 어디에 있는가?

높이나 부피의 기준과 마찬가지로 도덕적 기준에도 편차는 없다. 과거보다 현재 인간이 더 위대해진 것도 아니다. 인류사의 초기와 근세의 위인들 사이에서도 뚜렷한 공통점이 발견되며, 19세기의 모든 과학과 예술, 종교, 철학이 플루타르코스가 묘사한 23, 4세기 이전의 영웅들보다 위인을 교육하는데 더 쓸모가 있지도 않다. 인류는 시간에 따라 진보하지 않는다. 포키온*, 소크라테스, 아낙사고라스**, 디오네게스는 위대한 인물이지만, 그들은 자신들과 같은 계통***의 인류를 남기지 않는다. 진정 그들과 같은 계통에 속하는 사람이 있다고 해도 그는 그들의 이름으로 불리는 대신 독자적인 인간으로서 본인 혈통의 창시자가 된다. 긱 시대의 기술과 발명은 그 시대의 의상에 불과하므로 인류의 활력을 회복시키지 못한다. 발전된 기계의 해악은 기계로 얻은 이익을 상쇄할 수도 있다. 첨단 과학과 기술이 탑재된 장비를 갖췄던 패리(Sir William Edward Parry)와 프랭클린(Sir John Franklin)****이 깜짝 놀랄 정도로 허드슨*****과 베링******은 어선을 타고도 놀라운 업적을 이루었다. 갈릴레오는 오페라용 망원경 하나로도 후세의 그 어느 과학자보다도 많이 놀라운 천체 현상을 연이어 발견했다. 콜럼버스는 갑판도 없는 배로 신세계를 발견했다. 불과 몇 년 전 혹은 수세기 전에 요란한 찬사를 받으며 등장했던 방법과 기계가 주기적으로 폐기되고 사라져버리는 것은 참 신기한 일이다. 위대한 천재는 인간의 근본으로 되돌아간다. 우리는 전쟁 기술의 향상을 과학적인 승리에서 찾으려 하지만, 나폴레옹은 여전히 순수한 용맹에만 기대어 모든 원조를 마다하고 야영을 하며 유럽을 정복했다. 라

• 플루타르코스『영웅전』에 등장하는 BC 4세기경 고대 아테네의 정치인.
•• BC 5세기 활동했던 고대 그리스 철학자.
••• class, 작가는 생물학적 분류를 적용하여 위인을 설명하고 있다.
•••• 둘 다 19세기에 활약한 영국의 탐험가.
••••• Henry Hudson(1550-1611), 북서 항로와 북동 항로를 개척한 영국의 탐험가이자 항해가.
•••••• Vitus Behring(1681-1741), 자신의 이름이 붙은 베링 해협과 알래스카를 탐험한 덴마크 태생의 러시아 항해가.

스 카사스*는 나폴레옹 황제가 "무기, 탄약고, 군량고, 마차를 폐기하고, 로마군의 관습을 모방하여 병사들이 각자 옥수수를 배급받아 절구로 빻고 손수 빵을 구워먹게 한 다음에야 비로소" 완벽한 군대를 만들 수 있었다고 전한다.

사회는 물결이다. 물결은 앞으로 움직이지만, 물결을 만들어내는 물은 움직이지 않는다. 똑같은 티끌이 계곡에서 산마루로 오르지는 못한다. 똑같아 보이는 것은 현상에 불과하다. 오늘 한 나라를 세운 사람들은 내년이면 세상을 떠나고, 그들의 경험도 함께 사라진다.

그러므로 재산을 보호해주는 정부에 의존하는 것을 포함하여 재산을 믿고 의지하는 것은 자기 신뢰의 결핍을 의미한다. 사람들은 너무 오랜 세월 자신을 외면한 채 주변 사물에 집중한 나머지 교회와 교육제도, 국가 시설을 재산의 방패막이로 생각하게 되어, 그들에 대한 공격에 반대한다. 그것이 곧 자기 재산에 대한 공격이라고 느끼기 때문이다. 그런 사람들은 각자의 됨됨이가 아니라 각자 가진 것이 얼마인지에 따라 서로의 가치를 평가한다. 그러나 교양 있는 사람이라면 자신의 본질을 새로이 존중하게 되면서 재산을 부끄럽게 여긴다. 특히 그가 갖게 된 것이 상속이나 증여, 범죄 때문에 우연히 얻은 재산이라면 그는 자기 재산을 혐오한다. 그것은 진정한 소유가 아니고, 자신에게 속한 것이 아니라 자신에게 뿌리를 두고 있지 않으며, 혁명을 겪거나 강도를 당하지 않았기 때문에 그저 그곳에 놓여있는 것뿐이라고 느낀다. 그러나 인간의 됨됨이는 언제나 필요에 따라 얻어지며 그렇게 인간이 습득하는 것이야말로 지배자나 폭도, 혁명, 화재, 폭풍, 파산에도 흔들리지 않고 살아 숨 쉬는 곳 이디에서나 영원히 스스로 새로워지는 살아있는 재산이다. 칼리프 알리는 이렇게 말했다. "그대에게 주어진 삶의 몫이나 운명은 그대를 뒤쫓아간다. 그러므로 그것을 좇으려하지 말고 편히 쉬라." 이렇듯 외형적인 소유물에 의존하면서 우리는 노예처럼 숫자를 중시하게 된다. 정당은 수많은 집회를 연다. 집회 규모가 크면 클수록, '에섹스 대표단입니다! 뉴햄프셔에서 온 민주당원입니다! 메인 주의 휘그당원입니다!'라고 외치는 새로운 환성이 들릴 때마다, 젊은 애국자는 새로이 접한 수천 개의 눈과 손짓을 보며 스스로 더 강해졌다고 느낀다. 개혁가들이 집회를 열고 투표를 하고 다수결로 결정하는 방식도 그들과 유사하다. 오 친구여! 그러나 신은 그런 식으로는 당신을 찾아와 내면에 깃들어주지 않을 것이다. 그와는 정반대의 방법이 필요하다. 인간은 모든 외부의 도움을 마다하고 홀로 섰을 때 비로소 강해지고 승리를 거둘 수 있다. 인간은 자신이 내건 깃발 아래 모여든 사람이 많을수록 더 약해진다. 한 인간이 마을 하나보다 더 나은 존재가 아닌가? 사람들에게는 아무것도 요구하지 말라. 그러면 끊임없는 변화 속에서 유일하게 확고한 당신이 모습을 드러내어 주변을 둘러싼 모든 이들을 지탱해주는 기둥이 되어줄 것이다. 사람에겐 타고난 힘이 내재되어 있다는 사실과, 그 힘이

• Las Casas(1766–1842), 『세인트헬레나 회상록』으로 유명한 프랑스 작가.

약해졌던 것은 그간 자신이 아닌 외부에서 가치를 찾으려 했기 때문임을 잘 알고 진심으로 받아들이는 사람은, 주저 없이 자신의 생각을 실천에 옮기고 즉각 자신을 바로잡으며 꼿꼿한 자세로 서서 자신의 팔다리를 움직여 기적을 행한다. 두 발로 땅을 단단히 짚고 선 사람이 물구나무를 선 사람보다 더 강한 것과 똑같은 이치다.

그러므로 행운이라고 불리는 것은 모두 써버려야 한다. 사람들은 대부분 행운에 기대어 도박을 하고, 운명의 수레바퀴가 굴러가는 대로 모든 것을 얻거나 모든 것을 잃는다. 그러나 이렇게 얻은 이득은 불법이라 여기고 내다버리고, 신의 대법관인 원인과 결과를 적용해야 한다. 신의 의지에 따라 일을 하고 대가를 얻으면, 운명의 수레바퀴에 묶여있던 그대도 이제부터는 수레바퀴가 어떻게 돌아갈지 두려움에서 벗어날 수 있을 것이다. 정치적 승리나 수입 증가, 건강 회복, 떠나갔던 친구의 귀환, 또는 여러 가지 즐거운 사건들은 우리 기분을 북돋아주며, 앞으로 좋은 날이 펼쳐져 있다고 생각하게 된다. 그러나 그것을 믿어선 안 된다. 우리에게 마음의 평화를 줄 있는 것은 자기 자신밖에 없다. 자신만의 원칙을 고수하는 것 이외에 우리에게 평화를 가져다줄 수 있는 것은 아무것도 없다.

역사
HISTORY

만물을 만들어내는 영혼에게는
위대함도 사소함도 없다
만물은 생겨난 곳에서 존재하며
어디서나 생겨난다

나는 무대의 주인이며
일곱 개의 별과 태양년의 주인이며
카이사르의 손과 플라톤의 두뇌의 주인이며
예수 그리스도의 마음과 셰익스피어의 부담감의 주인이다

모든 개개인에게는 한 가지 공통된 마음가짐이 있다. 모든 인간은 그 똑같은 마음에, 그리고 똑같은 마음을 지닌 모든 이들과 연결되는 창구이다. 일단 올바른 이성을 받아들인 사람은 막대한 자산을 지닌 자유인이 된다. 아마도 그는 플라톤이 했던 생각을 할 수도 있을 것이다. 성인(聖人)이 느꼈던 마음을 느낄 수도 있을 것이며, 누군가에게 언제 어떤 일이 일어났더라도 이해할 수 있을 것이다. 이 보편적인 마음가짐에 가까이 다가간 사람은 현재에 일어난 일이나 미래에 일어날 수 있는 모든 일에 스스럼없이 관여한다. 그 마음은 변화를 일으키는 유일하고도 주체적인 동인(動因)이기 때문이다.

보편적인 이 마음의 궤적을 기록하면 역사가 된다. 역사의 위대함은 이어지는 매일 매일의 합으로 설명된다. 인간 역시 개인사 전체를 알아야 설명 가능하다. 인간의 영혼은 서두르지도 않고 쉬지도 않으며, 상황에 따라 적절하게 자신의 내면에 깃든 모든 능력과 모든 생각과 모든 감정을 실현하고자 처음부터 앞서 나아간다. 그러나 생각은 늘 사실보다 한발 앞서 있고, 역사의 모든 사실은 인간의 마음속에 이미 법칙으로 존재한다. 결국 각각의 법칙은 두드러진 주변 환경에 따라 결정되고, 인간 본성의 한계로 한 번에 하나의 법칙에만 힘이 실린다. 인간은 사실이 모여 이루어진 완벽한 백과사전이다. 도토리 하나엔 거대한 숲을 이룰 잠재력이 들어 있고, 이집트, 그리스, 로마, 갈리아, 영국, 미국 같은 나라는 이미 최초의 인간 내면에 깃들어 있다. 시대에 따라 변해온 야영 생활, 왕국, 제국, 공화국, 민주국가는 단지 다양한 인간의 영혼을 다양한 세계에 적용한 것일 뿐이다.

이러한 인간의 마음가짐이 역사를 기록하였으니, 그 마음으로 역사를 읽어야한다. 스핑크스는 자신의 수수께끼를 스스로 풀어내야 한다. 전체 역사가 한 사람 안에 깃들어 있다면, 그것은 개인의 경험으로 모두 설명될 수 있을 것이다. 우리 인생의 몇 시간과 수 세기에 달하는 시간 사이에는 연관성이 있다. 내가 숨 쉬는 공기는 대자연의 위대한 저장고에서 나온 것이고, 내가 읽고 있는 책에 드리워진 빛은 1억 5천만 킬로미터 떨어진 별에서 날아온 것이며, 내 몸이 균형을 잡고 있는 것은 원심력과 구심력의 균형 덕분이듯이, 시간은 시대의 가르침을 받아야 하고 시대는 시간으로 설명되어야 한다. 보편적인 마음가짐을 지닌 각 개인은 또 하나의 현신(現身)이다. 그 마음의 자산은 모두 개인에게 내재되어 있다. 개인의 사적인 경험에 담긴 각각의 새로운 사실은 과거 위대한 인간들이 이룩했던 업적을 새삼 조명하며, 개인이 겪는 삶의 위기는 국가적 위기를 반영한다. 모든 혁명은 한 사람의 마음속에 들어 있던 하나의 생각에서 비롯되었고, 똑같은 생각이 다른 이에게도 생겨나면 그것은 그 시대를 열어가는 열쇠가 된다. 모든 혁명도 한때는 개인의 사적인 의견이었으나, 그 의견이 또 다른 개인의 사적인 견해가 되면 그 시대의 문제를 해결해 준다. 말로 전달된 사실이 믿음직하고 명확하게 이해되려면 내 마음과 뭔가 통하는 것이 있어야 한다. 책을 읽을 때 그리스인이나 로마인, 터키인, 사제, 왕, 순교자, 사형집행인이 직접 되어보아야 하는 것처럼, 마음으로 공감되는 이미지를 엮어 자신의 비밀스러운 경험 속에서 뭐라도 현실로 엮어내야 한다. 그렇지 않으면 우리는 아무것도 올바르게 배우지 못할 것이다. 아스드루발*과 체사레 보르자**가 겪은 시련은 우리에게 닥친 일만큼이나 마음의 힘과 타락을 실감나게 보여주는 본보기이다. 새로운 법과 정치적 움직임은 각각 우리에게 의미를 지닌다. 각기 다른 평판 앞에 서서 이렇게 말해보라. "이 가면 속에 나는 변덕스러운 프로테우스 같은 본성이 몸을 숨기고 있다." 이러면 자기 자신과 너무 지나치게 가까워 깨닫지 못하는 결점을 바로잡을 수 있다. 이는 우리 행동을 관점으로 바꾸어 준다. 그러면 게자리, 염소자리, 전갈자리, 천칭자리, 물병자리 같은 별자리의 특징으로 내세우던 각자의 비열함도 의미를 잃는다. 그러므로 솔로몬, 알키비아데스***, 카틸리나****의 주변에서 멀찍이 떨어져 있던 사람들처럼 적당한 거리에서 내 자신의 악행을 파악할 수 있다.

특정한 사람들과 사물에 가치를 두는 것은 보편적인 인간의 본성이다. 이런 본성을 지닌 인간의 삶은 신비로워 침범할 수 없으며, 우리는 주변에 처벌과 법칙으로 울타리를 쌓아 자신의 삶을 지킨다. 그러므로 모든 법칙에는 궁극적인 이유가 존재하고, 얼마간은 가장 존엄하고 무한한 본질의 지배에 좌우된다는 사실을 명확히 드러낸다. 재물 또한 영혼을 지니고 있으며 위대한 영적 사실을 담고 있으므로, 우리는 일단 본능적으로 무력과 법률을 동원하여, 다양하고 복잡한 방식으로 재산을 지키려 한다. 막연하게나마 이러한 사실을 자각하고 있다는 것은 우리의 하루하루를 지켜주는 빛이며, 무엇보다도 중요한 인식이다. 교육과 정의, 자선에 대한 호소, 우정과 사랑의 토대, 자기 신뢰에서 비롯된 행동이랄 수 있는 영웅심과 위엄 또한 그러한 자각에서 생겨난다. 무의식적으로 언제나 우리를 우월한 존재로 인식한다는 것은 놀라운 일이다. 전 세계의 역사, 시인, 공상가는 장엄한 그림 속에 신성불가침 영역이나 황제의 궁궐, 불굴의 의지로 이룬 승리나 천재의 공간처럼 평범한 우리로선 접할 수도 없고 지체 높은 사람들에게나 어울리는 곳이어서 우리가 침입자처럼 느껴지는 곳이라면 어디든 존재하지 않는다. 사실 우리가 그들의 존재를 가장 강렬한 충격처럼 실감하는 곳은 오히려 집이다. 셰익스피어는 왕에 대한 이야기를 수도 없이 하지만, 그의 진심은 무대 구석에 선 소년의 실언에서 더 잘 느껴진다. 우리는 역사의 위대한 순간과 위대한 발견, 위대한 저항, 인간의 위대한 번영에 공감한다. 이미 법률은 제정되어 있고, 바다를 탐험하여 대륙이 발견되어 있지만, 그런 시련이 우리에게 닥쳤다면 우리도 스스로 그 일을 해냈거나 옆에서 갈채를 보냈을 입장이기 때문이다. 우리는 물리적 조건과 인간의 기질에 똑같은 관

• BC 3세기에 활약한 카르타고의 장군이자 한니발의 동생. 제2차 포에니 전쟁에서 여러 번 공을 세웠으나 결국 로마군에 패배하여 전투 중 전사했다.
•• 르네상스 시대 이탈리아의 전제군주이자 교황군 총사령관. 실각 후 재기를 노렸으나 내전 중 전사. 마키아벨리의 『군주론』은 그를 이상적 군주의 모델로 삼았다.
••• BC 5세기 아테네의 정치가이자 군인, 소크라테스의 제자이기도 했다.
•••• BC 2-1세기 고대 로마 공화정 말기의 정치가로 원로원에 맞서 모반을 꿈꾸었으나 실패했다.

심을 보인다. 우리가 부자들을 귀하게 여기는 이유는 인간이, 우리가 지녀야 온당하다고 느끼는 자유, 권력, 은총을 겉보기에도 누리고 있기 때문이다. 그러므로 금욕주의자나 동양 수필가, 혹은 현대 수필가가 현자에 관해 쓴 모든 이야기는 모든 독자들에게 바로 자신의 생각을 전달하게 마련이며, 아직 도달하지는 못했지만 앞으로 이룰 수 있는 자아를 묘사한다. 모든 문학은 현자의 성품을 담아낸다. 서적, 기념비, 그림, 대화는 그 현자가 품고 있는 특징을 드러내는 초상이다. 침묵과 웅변은 그를 따라다니며 칭송하고, 그는 가는 곳마다 개개인의 언급을 들으며 자극을 받는다. 그러므로 진정으로 출세를 열망하는 사람은 대화에서 사적인 암시와 칭송을 찾을 필요가 없다. 그가 듣는 것은 자신에 대한 칭찬이 아니라, 인물에 관하여 언급되는 모든 말과, 나아가 모든 사실과 상황 속에서, 흐르는 강물과 바스락거리는 옥수수 속에서도 그가 추구하는 성품에 관한 칭송이기에 더욱 달콤하게 들린다. 칭송은 겉으로 드러나고, 경의는 표하기 마련이며, 사랑은 말없는 대자연 속에서, 산과 하늘의 빛에서 흘러나온다.

마치 잠과 밤에서 떨어져 나온 것 같은 그러한 미묘한 징후를 우리는 훤한 대낮에 사용한다. 학자는 역사를 소극적이 아니라 적극적으로 해석해야 하며, 자신의 인생을 교과서로 삼고 책들을 해설로 여겨야 한다. 부득이 그리하게 되면 역사의 뮤즈는 자신을 존중하지 않는 사람들에겐 결코 들려주지 않을 귀한 조언을 전해줄 것이다. 현재 자신이 하고 있는 일보다는 명성을 오래 남긴 위인들이 머나먼 과거에

한 행동에 더 깊은 의미가 있다고 생각하는 사람이 있다면 그가 누구든 역사를 제대로 이해할 것이라고 기대할 수 없다.

세상은 각각의 인간을 교육하기 위하여 존재한다. 역사 속의 그 어떤 시대나 사회 형태도, 행동 양식도 개인의 생애와 얼마간 미약하게나마 부합하지 않는 경우는 없다. 역사의 모든 상황들은 스스로 내용을 멋지게 함축하여 고유한 미덕을 인간에게 선사하는 경향이 있다. 인간은 모든 역사를 자신의 삶으로 몸소 겪으며 살 수도 있음을 알아야 한다. 집안에선 군건한 태도로 국왕이나 제국의 힘에 스스로 시달리는 고통을 겪지 않아야 하며, 세상의 모든 지형과 정부보다 자신이 위대함을 알아야한다. 로마와 아테네, 런던을 중심으로 흔히 역사를 바라보는 관점에서 벗어나 자신만의 시각을 갖추어야 하며, 혹시 영국이나 이집트가 뭐라도 할 말이 있다면 자신이 재판관이 되어 판결을 내리겠다는 신념을 부인해선 안 된다. 만일 역사가 전할 말이 없다면, 영원히 침묵하게 하라. 인간은 역사적 사실이 드러내는 은밀한 의미를 파악하는 고귀한 시각을 갖추고 유지해야 하며, 시와 연대기의 유사함을 알아야 한다. 마음의 본능, 자연의 목적은 우리가 역사의 서사를 신호로 이용하려고 하면 그 본색을 드러낸다. 시간은 빛나는 허공으로 소멸되고 확고한 사실만이 뾰족한 모습을 드러낸다. 닻으로도, 밧줄로도, 장벽으로도 사실을 그저 사실로만 지켜내지 못한다. 바빌론, 트로이, 티레, 팔레스타인, 심지어는 초기 로마까지도 이미 소설로 탄생되고 있다. 에덴동산, 기브온에 여전히 빛나는 태양*은 예로부터 모든 민족이 읊조리는 시다. 하늘에 매달린 별자리에 우리가 불멸의 징표를 남겼으니, 사실이 무엇이든 누가 상관하겠는가? 런던, 파리, 뉴욕 모두 같은 길을 가야한다. 나폴레옹은 이렇게 말했다. "역사란 무엇인가, 합의된 우화에 불과하지 않은가?" 이런 우리 인생은 수많은 꽃과 자연의 장식으로 엄숙하고 즐거운 분위기를 자아내듯이 이집트, 그리스, 갈리아, 영국, 전쟁, 식민지 건설, 교회, 법정, 무역으로 둘러 싸여 꼼짝하지 못한다. 더는 그것들에 대해서 설명하지 않겠다. 나는 영원함을 믿는다. 나는 그리스와 아시아, 이탈리아, 스페인, 아일랜즈를 찾을 수 있으며, 각 나라와 모든 시대의 천재적이고 창조적인 원칙은 내 마음에 들어 있다.

우리는 언제나 개인적인 경험을 통하여 확실한 역사적 사실을 이해하고 현재 시점에서 그것을 확인한다. 모든 역사는 주관적이 된다. 다시 말해 제대로 된 역사는 없으며, 오로지 전기(傳記)만 있을 뿐이다. 인간은 누구나 모든 가르침을 스스로 깨우쳐야 하며, 모든 분야를 섭렵해야 한다. 직접 보지 못한 것, 자신이 살아보지 않은 것은 알 길이 없다. 과거 시대가 본보기로 남긴 것을 편의상 조작하느라 공식이나 규칙에 끼워 맞춘다면, 그 규칙의 장벽 때문에 인간은 역사적 사실을 스스로 입증할 수 있는 모든 기회를 잃어버린다. 어디선가, 때때로

• 여호수아가 가나안을 정복할 때, 그를 배신하고 연합한 아모리 왕들을 멸망시키며 '태양아 너는 기브온 위에 머무르라'고 외쳤고 실제로 태양은 멸종 완료의 순간까지 줄곧 떠 있었다(구약 여호수아서 10장).

인간은 스스로 그 일을 해냄으로써 그러한 손실에 대한 보상을 요구하고 되찾을 것이다. 퍼거슨••은 오랫동안 잘 알려진 천문학 분야에서에서 많은 것들을 발견했다. 그로선 더욱 잘 된 일이다.

역사는 필히 이런 태도로 접해야 하며, 안 그러면 아무것도 아니다. 국가가 제정하는 모든 법률은 인간성에 담긴 사실을 가리키고, 그것이 전부다. 우리는 모든 사실의 필연적인 이유를 스스로 찾아야 한다, 그것이 어떻게 될 가능성이 있고 필히 어떻게 되어야 하는지. 그러므로 모든 공적, 사적인 사건 앞에선 당당히 서서 그 의미를 확인하라. 버크•••의 연설 앞에서, 나폴레옹의 승리 앞에서, 토마스 모어 경의 순교 앞에서, 시드니••••와 마마듀크 로빈슨(Marmaduke Robinson)의 업적 앞에서, 프랑스의 공포 정치와 세일럼의 마녀 재판••••• 광적인 기독교 부흥운동 앞에서, 프랑스나 프로비던스에서 유행하는 동물의 자성•••••• 앞에서 스스로 의미를 찾으라. 우리는 다들 비슷한 영향을

•• James Ferguson(1710-1776), 스코틀랜드 출신의 천문학자로 수많은 천문학 기구를 발명했다.

••• Edmund Burke(1729-1797), 영국의 정치인이자 연설가, 미국 독립 혁명에 관한 연설이 특히 유명하다.

•••• Sir Philip Sidney(1554-1586), 영국의 정치가이자 시인.

••••• 1692년 미국 매사추세츠주 세일럼에서 일어난 마녀 재판 사건으로 집단 광기에 휩싸이며 185명을 체포해 무고한 시민 19명을 교수형시켰다.

•••••• Animal magnetism: 18세기 독일 의사 프란츠 메스머가 주장한 이론으로 모든 생물이 눈에 보이지 않는 자성을 소유하고 있어 자연 치유에 도움이 된다고 믿었던 대체의학의 일종. 19세기 유럽과 미국에서 인기가 높아 많은 추종자들이 있었다.

받아 서로 엇비슷한 이해 수준일 것이라고 짐작하고, 지적으로 그 단계를 완전히 익혀 동료나 타인이 성취했던 것과 똑같은 경지에 오르거나 똑같은 타락에 이르는 것을 목표로 삼는다.

고대에 대한 모든 연구, 즉 피라미드, 도시 유물의 발굴, 스톤헨지, 오하이오 서클*, 멕시코, 멤피스에 대한 모든 호기심은 미개하고 야만적이며 터무니없었던 '그곳'이나 '그때'를 없애버리고 그 대신 '여기'와 '지금'을 채워 넣으려는 욕망이다. 벨초니**는 극악무도한 도굴 작업과 자기 자신의 차이를 끝내 확인할 때까지, 테베의 미라 무덤과 피라미드를 파헤치고 조사한다. 완벽한 장비와 동기로 무장한 그와 같은 사람이 끝까지 몸소 참여한 작업이라는 사실에 그가 전반적으로나 세부적인 측면에서 스스로에게 만족하면, 문제는 해결된다. 만족감에 젖은 그의 생각은 신전과 스핑크스와 지하 묘지의 전체적인 계보를 따라 생생하게 살아서 모든 유적에 스며들고, 고대 유적은 그런 후대인의 마음으로 다시 살아가거나 현재에 존재한다.

고딕 대성당은 우리가 만든 건축물이지만, 단연코 우리가 만든 것은 아니다. 확실히 그것을 만든 이는 인간이겠으나, 현재를 살아가는 우리 같은 인간은 아니다. 하지만 우리는 그 탄생의 역사에 자신을 끼워 넣는다. 우리는 대성당을 지은 사람의 입장과 처지에 감정을 이입한다. 우리는 숲에서 거주하던 초기 인류와 처음 지은 성전, 최초의 형태를 고수하려는 태도, 나라가 부유해지면서 늘어난 장식, 나무를 조각해 높였던 가치가 결국엔 대성당의 산더미 같은 모든 석재 조각으로 이어졌음을 기억한다. 그러한 과정을 거치다 이윽고 가톨릭 성당에 이르러 십자가와 음악, 예배 행렬, 가톨릭 성인들의 축일, 우상 숭배까지 더해지면 우리는 그 대성당을 지은 장본인이 되기에 이르렀다. 우리는 어떻게 그런 건축물이 만들어질 수 있었으며 꼭 필요했다는 사실을 눈으로 확인했다. 우리에겐 이유가 충분했다.

사람들 간의 차이는 연상의 원리가 다르기 때문이다. 어떤 이들은 색깔과 크기, 우연히 마주친 겉모습으로 대상을 구분하고, 어떤 이들은 본질석인 유사성이나 인과관계를 따진다. 지식의 발전은 원인을 좀 더 명확하게 밝히려는 시각을 추구하며, 표면적인 차이는 대수롭지 않게 여긴다. 시인, 철학자, 성인에게는 세상 모든 것들이 친근하고 신성하며, 모든 사건들이 유익하고, 모든 날들이 경건하며, 모든 인간은 거룩하다. 그들은 시선을 삶에 집중하여, 어쩔 수 없는 주변 환경은 눈여겨보지 않기 때문이다. 모든 화학 물질과 온갖 식물, 자라나는 모든 동물은 원인의 통일성과 겉모습의 다양성을 가르쳐준다.

구름이나 공기처럼 부드럽고 유연하게 만물을 창조하는 대자연이 우리를 에워싸 떠받들고 있건만, 우리는 왜 그토록 완고한 태도로 지식을 뽐내며 몇 가지 형식에만 얽매일까? 우리는 왜 시간, 규모, 숫자

• 미국 오하이오주 들판에서 발견된 동심원 유적으로 200만 년 전 목책 요새의 흔적으로 짐작된다.

•• Giovanni Battista Belzoni(1778-1823), 이탈리아의 모험가 발굴가로 피라미드 발굴과 약탈을 주도했다.

를 감안해야 하는가? 평범한 인간은 알지 못하겠지만, 자연의 원칙을 따르는 천재는 마치 노인들과도 놀이를 하고 교회에서도 뛰놀 줄 아는 어린아이처럼, 제대로 다루는 방법을 알아낸다. 천재는 무심히 떠오른 생각을 연구하여 사물의 근본까지도 깊이 파고들어, 하나의 행성에서 빛이 무한한 비율로 갈라져 발산하기 이전에 새어나온 빛의 줄기를 파악한다. 천재는 대자연의 윤회를 실험하며 자신이 쓰고 있는 모든 가면 너머로 단순한 실체를 관찰한다. 천재는 파리를 통해서, 애벌레를 통해서, 유충을 통해서, 끊임없는 개체를 파악한다. 무수히 많은 개체를 통하여 변함없는 종(種)을 확인한다. 수많은 종을 통하여 속(屬)을 파악한다. 모든 속을 통하여서는 변함없는 유형이 확인된다. 잘 분류된 생명체의 모든 계통을 통하여서는 영원한 통일성이 파악된다. 자연은 항상 달라져 절대 똑같을 수 없는 구름처럼 변화무쌍하다. 하나의 교훈으로 스무 개의 우화를 만들어내는 시인처럼, 대자연은 똑같은 생각을 다양한 형태로 빚어낸다. 물질의 엄혹함과 냉정함을 거치면서 미묘한 정신세계는 고유한 의지에 따라 모든 것을 달라지게 만든다. 확고부동한 흐름도 의지 앞에서 부드럽지만 정교한 틀로 빚어지면, 내가 지켜보는 가운데 그 윤곽과 질감이 또 다시 변한다. 형식만큼 덧없는 것은 아무것도 없다. 그러나 형식 자체를 부정하는 것은 결코 아니다. 인간을 볼 때 우리는 열등한 인종에게서 노예의 징후를 발견하려는 낌새나 흔적이 있는지 여전히 살핀다. 그러나 그러면서 사람들은 그에게서 인간의 고귀함과 위엄을 높인다. 고대 그리스의 극작가 아이스킬로스의 희곡에 등장하는 이오는 암소로 변신하여 상상력을 자극하지만, 이집트에서는 이시스가 남신 오시리스를 만난 뒤 아름다운 여성의 변신이 그저 이마를 장식했던 빛나는 달 모양의 뿔로만 남게 되었으니 얼마나 큰 변화인가!

역사의 정체성 역시 마찬가지로 본질적이며, 그 다양성 또한 명백하다. 겉보기엔 사물의 무한한 다양함이 존재하는 듯하여도, 그 중심엔 단순한 원인이 존재한다. 한 인간의 여러 행동에서 똑같은 성품이 드러나는 경우가 얼마나 많은가! 그리스 시대의 천재에 관하여 우리가 파악한 정보의 근원을 살펴보라. 우리는 헤로도토스, 투키디데스, 크세노폰, 플루타르코스가 전한 대로 당시 사람들의 친근한 역사를 알고 있으며, 그들이 어떤 태도를 지닌 사람들이었는지, 어떤 행동을 했는지 충분히 파악하고 있다. 또한 우리는 그들의 문학과 서사시, 서정시, 희곡, 철학 속에서 매우 완벽한 형식으로 표현된 국가관도 알 수 있다. 곧은 선과 직각으로 제한하여 자체적인 절제미를 뽐내는 그들의 건축, 건물에 담긴 기하학에서 우린 또 한 번 그들의 사상을 읽는다. 또한 그들의 사상은 조각품에서도 드러난다. 신을 위해 종교적인 춤을 바치는 숭배자가 발작적인 고통이나 목숨을 건 사투 속에서조차 절대로 감히 신성한 춤의 형태와 예절을 무너뜨리지 않는 것처럼, 그들의 조각품은 '균형 잡힌 표현력의 정점'에 올라, 다양한 형식으로 행동의 자유를 최상으로 구현하면서도 이상적인 차분함을 벗어나지 않는다. 그리하여 우리는 뛰어난 사람들의 천재성이 네 배로 구현된 역사를 본다. 감각적으로 본다면 핀다로스*의 시, 대리석으로 빚은 켄타우로스 조각상, 파르테논 신전의 주랑, 포키온**의 마지막 전투보다 서로 이질적인 것이 또 있을까?

닮은 데가 전혀 없는데도 보는 사람에겐 닮은 듯한 인상을 주는 얼굴이나 형태를 목격한 경험은 누구나 있을 것이다. 특정한 그림이나 한 편의 시는 똑같은 이미지가 파노라마처럼 펼쳐지진 않을지라도, 마치 험준한 산을 실제로 걷는 것과 같은 감흥을 불러일으킨다. 그런 경우 감각적으로는 전혀 유사성이 없다는 게 명백하지만, 초자연적인 그런 감흥은 우리의 이해 범위를 넘어선다. 대자연은 극히 드문 법칙들의 조합이자 반복이다. 대자연은 잘 알려진 오래된 곡조를 흥얼거리며 셀 수 없이 많은 변주곡을 들려준다.

대자연의 작품은 하나같이 가족끼리 닮은 데가 있는 것 같은 숭고한 유사성과 함께, 가장 예상치 못한 부분에서 닮은 구석을 찾아내는 기쁨으로 가득 차 있다. 나는 숲에 거주하는 나이든 족장의 머리를 본 적이 있는데, 순간적으로 황량하게 드러난 산꼭대기의 눈을 보는 것 같은 느낌이 들었고, 이마의 주름살은 바위의 단층을 연상시켰다. 파르테논 신전의 단순하고도 장엄한 장식 조각품처럼, 그리고 초기 그리스 예술의 유적처럼, 태도에서 본질적인 광채를 뿜는 사람들이 있다. 책속에선 시대를 막론하고 똑같은 요소가 발견된다. 귀도 레니***가 그린 로스피리오시의 천장화 '오로라'에서 그림 속을 달리는 말들은 아침나절의 구름에 불과하듯, 화가의 작품은 아침에 떠오른 생각에 지나지 않는다. 다양한 행동 양상을 지켜보면서 오직 고통밖에 느끼지 못하면서도 자신이 꺼려하는 특정한 마음 상태에 똑같이 빠져드는 사람이라면, 친근감의 사슬이 얼마나 깊은지 알 것이다.

어느 화가가 내게 들려준 말이 있는데, 어느 정도로든 실제 나무가 되어보지 않고는 그 누구도 나무를 그릴 수 없으며, 어린아이를 그릴 때도 단순히 생김새의 윤곽만 연구해서는 제대로 그려낼 수 없다고 한다. 화가는 장시간 아이의 행동과 노는 모습을 관찰함으로써 아이의 본성에 스며들고, 그제야 비로소 아이가 어떤 자세를 취하든 마음대로 그림에 담아낼 수 있게 된다. 그래서 요한 하인리히 루스****는 "양의 내밀한 본성까지 파고들었다." 내가 아는 어느 소묘 화가는 공공 측량 사업에 고용되었는데, 먼저 지질 구조에 대한 설명을 듣기까지는 바위를 스케치할 수 없었다고 한다. 생각의 어떤 상태가 아주 다양한 작품의 원천이 되는 경우는 흔한 일이다. 중요한 것은, 누가 봐도 똑같은 사실이 아니라 정신세계다. 예술가가 다른 이들의 영혼을 일깨워 특정한 행동으로 이끄는 힘을 얻는 까닭은, 주로 고통스럽게 익히는 수많은 수작업 기술 때문이 아니라 남들보다 더 깊이 느끼

• BC 6-5세기 그리스의 서정시인.
•• BC 5-4세기, 아테네의 정치가이자 장군.
••• Guido Reni(1575-1642), 이탈리아 화가로 고전주의 성향의 장식 프레스코화로 유명하다.
•••• Johann Heinrich Roos(1631-1685), 동물과 풍경 묘사에 뛰어났던 독일 화가, 동판화가.

는 불안감 덕분이다.

"평범한 사람들은 그들이 하는 행동으로 됨됨이가 드러나고, 고귀한 사람들은 존재만으로도 됨됨이가 드러난다."는 말이 있다. 이유는 뭘까? 왜냐하면 행동과 말, 표정과 태도로 우리 내면에서 솟아나오는 심오한 본성은 조각품과 그림이 전시된 미술관이 뿜어내는 힘과 아름다움처럼 겉으로 나타나기 때문이다.

시민사회의 역사, 자연의 역사, 예술사, 문학사는 개인의 역사를 통하여 설명되어야 하며, 그렇지 않다면 그냥 이야기로 남겨두어야 한다. 우리 인간과 관련되지 않은 것, 우리의 관심을 끌지 않는 것은 아무것도 없다. 왕국, 대학, 나무, 말(馬), 혹은 말굽의 편자에 이르기까지, 세상 모든 것의 뿌리는 인간에게 있다. 산타크로체 성당과 성베드로 대성당의 돔바티칸 대성당이라고도 부르는 성베드로 대성당의 돔•은 신성한 성전의 전범을 모방한 알량한 복제품에 지나지 않는다. 스트라스부르 대성당은 스타인바크 출신의 건축가 어윈(Erwin of Steinbach)의 영혼이 물질로 구현된 건축물이다. 진정한 시는 시인의 마음 자체이며, 진정한 배는 배를 만드는 사람에게 들어 있다. 그 사람의 내면에 들어가 마음을 속속들이 드러낼 수 있다면, 마치 조개껍데기의 모든 골격과 색깔이 비밀스레 감추어진 조개의 내부 기관에 이미 들어 있는 것과 마찬가지로, 건축가의 작품에서 마지막으로 솜씨를 부린 장식과 덩굴 문양의 이유를 알아볼 수 있을 것이다. 가문의 문장(紋章)과 기사도 정신의 핵심은 정중함이다. 훌륭한 예절을 갖춘 사람이라면 귀족 작위를 지닌 사람만이 지킬 수 있는 온갖 품격을 지켜 당신의 이름을 불러줄 것이다.

날마다 겪는 사소한 경험은 우리가 접했던 옛날 예언을 매번 확인해주며, 별 생각 없이 보고 들었던 말과 징후를 현실로 바꾸어 놓는다. 함께 숲에서 승마를 했던 숙녀 한 분이 내게 말한 적이 있다. 숲은 늘 자신을 기다려주는 것 같다고, 마치 숲의 요정들이 나그네가 멀리 지나갈 때까지 움직임을 멈추고 있는 것처럼 보인다고 말이다. 인간의 발소리가 다가오면 돌연 중단되고 마는 요정들의 춤을 그려낸 시 같은 생각이 아닐 수 없다. 한밤중에 구름을 뚫고 솟아오른 달을 본 적이 있는 사람은 빛과 세상이 창조될 때를 목격한 대천사와 다름없는 존재다. 어느 여름날 들판에서 보았던 장면을 나는 지금도 기억한다. 지평선과 수평을 이루며 수백 미터나 장엄하게 펼쳐진 구름을 나의 일행이 가리켰는데, 그것은 분명 교회 천장에 그려진 아기 천사의 모습을 상당히 닮은 형상이었다. 가운데의 둥근 덩어리에선 눈과 입을 쉽게 알아볼 수 있었고, 양쪽 옆엔 좌우 대칭으로 날개가 넓게 펼쳐져 있었다. 대기에 한때 발생한 그 현상은 어쩌면 자주 나타나는 일인지도 모르겠으나, 분명코 그것은 우리에게 친숙한 장식화의 원형이었다. 여름 하늘에 연달아 내리꽂히는 번개를 목격했을 땐, 그 광경

• 바티칸 대성당이라고도 부르는 성베드로 대성당의 돔은 로마의 판테온 신전에서 영향을 받았다.

을 보자마자 그리스인들이 제우스의 손에 번개를 그려 넣은 것이 자연에서 얻은 생각임을 알 수 있었다. 돌담의 양옆을 따라 휘날려 쌓인 눈 더미는 확실히 첨탑으로 이어지는 흔한 건축 구조물 장식에 아이디어를 주었을 것이다.

우리 스스로 원초적인 환경에 둘러싸여, 각 민족이 원시적인 주거 환경을 어떻게 단순하게 장식했는지를 보면서 우리는 건축의 질서와 장식을 새롭게 탄생시킬 수 있다. 도리스 양식으로 지은 신전은 도리스인들이 살던 나무 오두막과 유사한 형태를 유지했다. 중국식 탑은 몽골인들의 천막 모양이 확실하다. 인도와 이집트 신전은 그들의 선조가 살았던 흙더미와 지하 거주지의 모습을 여전히 드러내고 있다. 에티오피아인들에 관한 연구에서 독일 학자 히렌은 "천연 암석에 집과 무덤을 만드는 풍습은 거대한 형태를 당연하게 여기는 누비아인들의 이집트 건축 원리를 결정했다"고 설명한다. "이미 자연이 마련해준 거대한 동굴에서 거주하며 그들의 눈은 거대한 형태와 부피에 당연히 익숙해져 있었고, 자연의 도움으로 예술이 탄생하는 시기가 되자 자연 자체를 훼손하지 않고는 작은 규모로 진행할 수가 없었다. 평범한 크기의 조각상이나 깔끔한 현관과 별채를 세웠다면, 골로새인 파수꾼이 바닥에 앉거나 내부 기둥에 기대는 것밖엔 할 일이 없었을 거대한 실내 공간과 무엇이 어울렸겠는가?"

고딕 양식의 교회는 유쾌한, 혹은 엄숙한 회랑 통로를 향해 가지를 온통 뻗고 있는 숲의 나무 형태를 변형하여 건축에 적용한 것으로, 기둥이 갈라지는 부분에 가로지른 띠 모양의 장식 역시 밑동에 묶인 초록색 실가지를 가리킨다. 소나무 숲을 관통하는 길을 걸으며, 특히 다른 나무들이 온통 헐벗어 색슨족 건축 같은 낮은 아치를 드러내는 겨울에는, 솔숲의 풍경에서 건축적인 장엄함을 느끼지 않을 사람은 아무도 없을 것이다. 겨울 오후의 숲에 들어서면, 앙상한 가지가 빽빽하게 서로 얽힌 숲 사이로 서쪽 하늘의 다채로운 색깔을 보며 누구라도 고딕 성당에 장식된 스테인드글라스 창문의 기원이 무엇인지 알아차리게 된다. 또한 자연을 사랑하는 사람이라면 누구나 옥스퍼드의 옛 유적이나 영국 국교회 성당에 들어서면서 숲이 건축가의 마음을 깊이 감동시켜, 그의 정과 톱과 대패가 숲에서 보았던 고사리와 꽃송이와 아까시나무, 느릅나무, 참나무, 소나무, 전나무, 가문비나무를 고요하게 재현해놓았음을 느낄 수 있을 것이다.

고딕 양식 성당은 조화를 끊임없이 갈구하는 인간의 욕구를 가라앉혀 돌로 꽃을 피운 결과물이다. 거대한 화강암은 밝은 빛과 섬세한 만듦새뿐만 아니라, 식물의 아름다움이 지닌 경쾌한 비율과 균형감 덕분에 영원한 꽃으로 피어난다.

예의범절과 마찬가지로 모든 공적인 사실은 개인의 사정에 맞춰야 하고, 모든 사적인 사실은 일반화하여 이해해야 한다. 그러는 즉시 역사는 유연한 진실이 되며, 전기(傳記)는 깊고 숭고해진다. 페르시아인들은 건축물의 늘씬한 기둥과 기둥머리를 만들면서 연꽃과 줄기, 야자수를 본떴으며, 전성기의 페르시아 왕가는 야만 부족의 유목 생활을 절대 그만두지는 않았으되, 봄철을 지냈던 엑파타나를 떠나 여름은 수사에서 보내고 겨울은 바빌론으로 이동했다.

아시아와 아프리카의 초기 역사에서 유목 생활과 농사는 서로 대립되는 개념이었다. 아시아와 아프리카의 지형에선 유목 생활이 불가피했다. 그러나 농경지와 시장의 장점 때문에 도시를 건설한 모든 사람들에게 유목민은 공포의 대상이었다. 유목민들 탓에 국가가 위험에 처했기 때문에 농사는 종교적인 양상을 띠었다. 뒤늦게 생겨난 영국과 미국 같은 문명국가에서도 그러한 적대적인 경향은 여전히 팽배하여 국가적으로나 개인 간에 해묵은 갈등을 일으킨다. 아프리카 유목민들은 소떼를 괴롭히는 쇠파리의 공격 탓에 우기에 부족을 이동시켜, 지대가 더 높은 사막 지역으로 소떼를 몰고 가느라 떠돌아다닐 수밖에 없는 신세였다. 아시아 유목민들은 다달이 목초지를 찾아 다녔다. 미국과 유럽에서는 무역과 호기심 때문에 유랑을 한다. 그리스 아스타보라스 강의 쇠파리를 벗어나 영국과 보스톤만의 이탈리아인 거주지로 옮겨 가는 것은 분명 발전이다. 수시로 종교적 순례자가 찾아드는 신성한 도시나 민족적인 유대감을 부추기는 경향이 있는 엄중한 법률과 관습은 옛 방랑자들에겐 걸림돌이었으며, 한 곳에 오래 머물면서 축적된 가치는 현대인들이 유랑을 하며 살아가는 데 제약이 된다. 모험에 대한 갈망이나 휴식에 대한 애정이 서로 우위를 차지하려고 다투듯이, 정착과 유랑 두 가지 경향의 대립은 개인의 경우에도 그 치열함이 덜하지 않다. 강건한 체력과 넘치는 기백을 지닌 사람은 빠르게 적응하는 능력도 뛰어나, 몽골인처럼 수월하게 마차 생활을 하며 온 세상을 돌아다닌다. 바다에서든 숲에서든, 혹은 눈속에서도 자기 집 굴뚝 아래 있는 것처럼 아늑하게 잠을 청하고 왕성한 식욕으로 끼니를 챙기며 행복하게 사람들과 어울린다. 어쩌면 관찰 능력이 더욱 범위를 넓히면서 유랑 기질도 더욱 깊어져, 그가 시선을 두는 곳이 어디든 새로운 대상을 만날 때마다 흥미를 일으킬 수도 있을 것이다. 그러나 유목 국가들은 대체로 절망스러울 정도로 빈곤하고 기아에 허덕였으므로, 이러한 지식의 유랑 생활은 도가 지나치면 잡다한 대상에 정력을 낭비하면서 결국 정신적 파산을 부른다. 반면에 집안에만 틀어박혀 사는 지식인은 인생의 모든 요소를 자신에게 주어진 토양에서 찾는 자제력과 만족감을 보이지만, 이질적인 외부 요인의 자극이 없다면 단조로움과 쇠락의 위험 또한 품고 있다.

개인이 바라보는 모든 것들은 그의 마음 상태를 반영하며, 이어지는 그의 생각이 사실이나 일련의 사건에 적합한 진실로 이끌어주므로 결국 그는 모든 것을 이해할 수 있게 된다.

나는 원시 세계, 독일인들이 표현한 것처럼 '이전 세계'(Fore-World)로 몸소 뛰어들 수 있을 뿐만 아니라, 당시의 지하묘지와 도서관, 폐허로 변한 저택의 뼈대와 깨진 돋을새김 사이로 더듬더듬 손가락을 집어넣어 탐색할 수도 있다.

영웅시대 혹은 호메로스 시대부터 시작하여, 그로부터 4, 5세기 뒤인 아테네와 스파르타 시민들의 가정생활에 이르기까지 전 시대에 걸쳐 모든 인류가 그리스 역사와 문자, 예술, 시에 관심을 쏟는 근거는 무엇일까? 모든 인간은 그리스 시대를 개인적으로 거쳐간다는 사실 외엔 해답이 없다. 당시 그리스는 육체의 본성이 지배하는 시대, 감각의 완성을 이룬 시대로, 정신의 본질이 육체와 엄격한 통일을 이루며 펼쳐졌다. 그 시대에는 조각가에게 헤라클레스와 아폴론, 제우스의 모델이 되어줄 수 있을 만큼 빼어난 용모의 인간들이 존재했다. 현대 도시의 거리에서 흔하게 볼 수 있는 흐릿한 이목구비의 얼굴을 지닌 사람들과 달리, 그들은 흐트러짐 없이 선명하게 윤곽이 드러나고 얼굴이 좌우 대칭을 이루었으며, 눈구멍이 너무도 뚜렷하고 깊어 그런 눈으로는 찡그리거나 엉큼하게 곁눈질이 불가능하여 옆을 보려면 고개 전체를 돌려야 할 정도였다. 당시의 예의범절은 꾸밈이 없고 치열했다. 용기, 말솜씨, 자제력, 체력, 민첩성, 웅장한 목소리, 넓은 가슴 같은 개인의 자질은 존경의 대상이었다. 사치와 세련된 예절은 알지 못했다. 인구 부족과 빈곤 탓에 모든 남성들은 각자 시종, 요리사, 백정, 군인 노릇을 전부 홀로 도맡아야 했으며, 자신의 욕구를 스스로 충족하는 습관은 신체를 단련시켜 훌륭한 성과로 이어졌다. 호메로스의 서사시에 등장하는 아가멤논과 디오메드도 그러했고, 아테네의 장군 크세노폰이 1만인의 퇴각*에서 묘사한 자신과 동료 병사들의 모습도 그리 다르지 않다. "군대가 아르메니아에서 텔레보아스 강을 건넌 이후 눈이 많이 내려, 병력이 비참하게 눈밭에 누워 있었다. 그러나 크세노폰은 알몸으로 일어나 도끼를 들고 장작을 쪼개기 시작

했고, 그러자 다른 이들도 몸을 일으켜 똑같이 행동했다." 그의 군대
에선 전체적으로 무한한 표현의 자유가 보장된다. 그들은 약탈을 앞
두고 말다툼을 하고 새로운 명령을 받을 때마다 장군들과 언쟁을 벌
이는데, 누구보다도 날카로운 말솜씨를 지닌 크세노폰은 최고로 신
랄한 말투로 더 할 나위 없이 훌륭하게 응수한다. 훌륭한 청년들로서
그러한 예의범절과 그토록 느슨한 규율을 갖추었으니, 이들을 과연
누가 훌륭하다고 보지 않겠는가?

고대 비극의 귀중한 매력, 사실 모든 옛 문학의 매력은 등장인물들
이 천진난만하게 말을 한다는 점이다. 작품 속 인물들은 아직 사색하
는 습관이 심신에 새겨져 저절로 그런 태도가 우러나오게 되기도 전
에, 마치 자신도 모르는 사이에 아주 뛰어난 감각을 갖춘 사람처럼 말
을 한다.

고대 그리스에 대한 우리의 찬사는 오래된 것에 대한 찬사가 아니
라 그 본질에 대한 찬탄이다. 그리스인들은 사색적이진 않지만 감각
과 건강 면에서 완벽했으며, 세계에서 가장 빼어난 신체 구조를 지녔
다. 어른의 행동에서도 어린아이의 단순함과 매력이 풍겼다. 그들은
건강한 감각이 이끄는 대로, 즉 빼어난 취향을 바탕으로 꽃병과 비극
과 조각상을 만들었다. 시대를 막론하고 건강한 육체가 존재하는 곳

• 1만 명의 그리스 용병을 이끌고 페르시아 전쟁에 참여했던 크세노폰은 투항 없이 6개월
간 협상과 후퇴를 거듭해 퇴각에 성공을 거두어 그리스로 돌아온다.

이면 어디든 그러한 일은 벌어졌으며, 현재도 그러하다. 그러나 전체적으로 우월한 신체구조를 지닌 그리스인들은 모두를 능가했다. 그들은 성인 남성의 활력과 매력적인 어린 시절의 무심함을 겸비했다. 그러한 태도의 매력은 그들이 성인 남성이며, 한때는 누구나 어린아이였으므로 모두들 순수함을 알아본다는 데 있다. 게다가 그러한 특성을 유지하는 개인은 늘 있게 마련이다. 그리스인은 여전히 어린이처럼 순수한 천재성과 타고난 에너지를 지닌 사람들이며, 그리스의 뮤즈에 대한 우리의 애정을 되살려낸다. 필로크테테스*의 자연에 대한 사랑을 나는 숭배한다. 잠에 관한, 별과 바위와 산과 파도에 관한 그들의 섬세한 비유를 읽노라면 나는 썰물 때 밀려나가는 바다처럼 시간이 흘러감을 느낀다. 나는 인간의 영원함, 인간사고의 정체성을 느낀다. 그리스인들은 나와 마찬가지로 자연의 존재를 동지처럼 느꼈던 듯하다. 해, 달, 물, 불을 대하는 그들의 마음은 내가 느끼는 심정과 정확히 일치한다. 게다가 그리스와 영어, 고전파와 낭만파 사이의 뚜렷한 구분은 피상적이고 현학적으로 보인다. 플라톤의 생각이 곧 나의 생각이 되고, 핀다로스의 영혼에 불타오르게 했던 진실이 나의 영혼 또한 불태울 때, 시간은 더 이상 존재하지 않는다. 우리 두 사람의 통찰력이 서로 만났다고 느껴지면서 우리 둘의 영혼이 같은 색깔로 물들어, 마치 하나로 뭉쳐진다고 느껴질 때면, 내가 왜 굳이 위도와 이집트력을 따져야하는지 모르겠다.

학자는 자신이 속한 시대의 기사도 정신을 기준으로 기사도 시대를 해석하며, 해상 모험과 세계 일주도 나름 비슷하게 자신만의 축소된 경험을 바탕으로 바라본다. 신성한 세계 역사를 향하는 그의 손엔 똑같은 열쇠가 들려 있다. 고대의 심연에서 흘러나온 예언자의 목소리가 그저 인간의 유아기적 감상이나 청춘기의 기도를 반복한 것에 불과할 때, 학자는 혼란스러운 온갖 전통과 우스꽝스러운 제도 속에서 진리를 간파한다.

자연에서 새로운 사실을 발견하여 우리에게 알려주는 귀하고도 빼어난 인재는 간간이 우리 곁에 나타난다. 이따금 나는 그런 성직자들이 사람들 사이를 돌아다니며 가장 비천한 이의 마음과 영혼에도 권능을 일깨워주는 경우를 본다. 그러므로 제단과 사제, 여사제는 분명 신의 계시로 영감을 받은 존재들이다.

세속적인 사람들은 예수 그리스도에게 깜짝 놀라 압도된다. 그들은 예수를 역사로 받아들이지도, 자신들의 삶과 조화시키지도 못한다. 그럼에도 그들이 자신의 직관을 존중하여 영감을 받은 대로 경건하게 살려고 하면, 그들 각자의 신앙심은 모든 사실, 모든 말씀을 설명해준다. 모세, 조로아스터, 마누**, 소크라테스에 대한 오랜 숭배는 얼마나 쉽사리 사람들의 마음을 길들였던가. 나는 그들의 생각이 조

• 헤라클레스의 갑옷을 가지고 다녔던 활의 명수로 트로이 전쟁에서 독화살로 파리스를 쏘아 죽였다.
•• 인도 신화에 나오는 인류의 시조.

금도 고리타분하다고 생각하지 않는다. 그들의 생각은 곧 나의 생각이기도 하다.

바다를 건너거나 세기를 뛰어넘지 않고도 나는 최초의 수도자와 은둔자를 본 적이 있다. 신의 이름으로 구걸을 하며 19세기까지도 주상고행자 시메온*, 테베 수도회, 최초의 카푸친 수도회처럼 노동을 완전히 등한시하고, 위풍당당하게 명상에 심취하여 오만한 수혜자처럼 구는 몇몇 개인들을 한두 번 본 것이 아니다.

동양과 서양의 성직자, 조로아스터교의 마기 계급, 인도의 브라만, 드루이드교, 잉카제국 사제의 됨됨이는 개개인의 사생활에서 드러난다. 어린아이의 기질과 용기를 억눌러 이해력을 마비시키고, 분노를 표출하는 일도 없이 오로지 공포와 복종에만 길들여져 오히려 가혹한 억압에 훨씬 공감하도록 이끄는 엄격한 형식주의의 영향력은, 욕설과 언어와 형식으로 심하게 억압당했던 아이가 어른이 되었을 때 자신의 어린 시절을 억압했던 압제자를 곧 자기 자신으로 바라보는 이유로 흔히 설명되는 사실이다. 그 막강한 영향력 속에서 아이는 단순히 도구처럼 어린 시절을 보냈기 때문이다. 그러한 사실 앞에서 사제는 포세이돈의 아들 벨로스가 어떻게 숭배의 대상이 되었는지, 피라미드는 어떻게 건설되었는지, 상형문자를 해독해 일꾼들의 이름과 장식 벽돌의 비용을 모두 알아낸 샹폴리옹**의 발견보다 더 큰 가르침을 받는다. 그는 아시리아와 촐룰라 언덕***을 자신의 집처럼 느끼고 스스로 그 길을 닦았다고 여긴다.

분별 있는 모든 사람들이 당대의 미신을 타파하려 힘쓰다 보면 옛날 종교 개혁가들의 발자취를 또 한 번 뒤따르게 되고, 그들처럼 미덕을 향해 진리를 추구하려다가 새로운 위험을 만난다. 미신을 뒷받침하기 위해서는 어떤 도덕적 열망이 필요한지 배우게 되기 때문이다. 개혁 바로 뒤에는 엄청난 방종이 따라온다. 세계 역사에서 당대의 루터 같은 개혁가들이 자기 집안에선 벌어진 종교적 타락을 개탄한 경우가 얼마나 많았던가! 마르틴 루터에게 아내가 말했다. "교황님의 신민이었을 때는 우리가 그토록 자주 열렬히 기도를 올렸는데, 지금은 싸늘하게 식은 마음으로 좀처럼 기도를 올리지 않으니 어찌된 것입니까?"

진보하는 사람은 문학에 얼마나 깊은 자산이 담겨있는지 깨닫는다. 모든 역사뿐만 아니라 모든 우화도 마찬가지다. 문학 애호가에게 시인은 이상하고 불가능한 상황을 묘사하는 엉뚱한 사람이 아니라, 한 인간에게 진실이면서 모든 이들에게 진실인 고백을 펜으로 적어 내려간 보편적인 인간이다. 그가 태어나기 전에 한 줄 한 줄 쓰인 멋진 구절을 깊이 공감하며 그는 시에서 비밀스러운 자신만의 이야기

• Semion the Stylite(390~459), 인류 최초의 기둥 위 고행 수도자.
•• Jean François Champollion(1790-1832), 프랑스의 이집트 학자로 로제타석에 새겨진 이집트 상형문자를 최초로 해독했다.
••• 멕시코 푸에블라에 있는 고대 톨텍 문명의 중심지로 이집트 기자의 피라미드보다 2배나 큰 규모의 피라미드 유적이 발견되었다.

를 발견한다. 이솝과 호머와 하피즈*와 아리스토텔레스와 초서와 스콧 경의 모든 우화 속에서 그는 연이어 자신만의 은밀한 모험을 떠나며, 자신의 손과 머리로 직접 확인한다.

그리스인들의 아름다운 우화는 몽상에서 나온 것이 아니라 상상력이 낳은 진정한 창작품이며, 보편적인 진리를 담고 있다. 프로메테우스의 이야기엔 얼마나 심오한 의미와 변함없는 시의적절함이 담겨있는가! 유럽 역사의 첫 장을 기록했다는 근본적인 가치 외에도(프로메테우스 신화는 진짜 사실과 과학 기술의 발명, 식민지 백성의 이동을 노골적으로 반영하고 있다), 종교의 역사를 후세인들의 신앙심과 상당히 가깝게 묘사한다. 프로메테우스는 옛날 신화 속에서 예수 같은 존재다. 그는 인간의 친구이며, 천상의 신인 아버지의 부당한 '정의'와 필멸의 인간 종족 사이에 우뚝 서서 기꺼이 인간을 대신하여 모든 고통을 감내한다. 그러나 칼뱅주의 기독교에서 벗어나 제우스신에 대한 반항아로 그를 묘사하면서, 투박하긴 하지만 객관적인 형태로 유신론의 원칙을 가르치는 곳에서는 어디서든 흔히 나타나는 인간의 마음가짐을 드러낸다. 즉 신이 존재한다는 사실에 대한 불만과 신앙의 의무에 대한 부담감은 믿고 싶지 않은 진실에 대한 인간의 자기 방어처럼 보인다. 인간의 욕심은 할 수만 있다면 창조주의 불을 훔쳐내어 신과 멀리 떨어져 독립해서 살고 싶어 한다. 결박된 프로메테우스 이야기는 무신론의 로망이다. 장엄한 이 우화의 내용을 소상히 들여다보면 시대를 막론하고 진심을 울린다. 아폴론은 아드메토스**의 가축을 돌봤다고 시인은 전한다. 신들이 인간 사회로 내려와 뒤섞여 있어도 사람들은 알아차리지 못한다. 사람들은 예수의 존재를 알지 못했고, 소크라테스와 셰익스피어도 당대 사람들에겐 널리 알려지지 않았다. 거인 안타이오스는 헤라클레스의 손에 목이 졸리지만, 어머니 대지에 발이 닿을 때마다 힘이 되살아났다. 인간은 바로 그 망가진 거인이고, 완전히 나약해진 상태에서도 자연과 대화를 나누는 습관 덕분에 그의 몸과 마음은 동시에 기운을 차린다. 음악의 힘, 마음을 흔드는 시의 힘, 이를테면 견고한 대자연을 향한 날갯짓으로 우리는 오르페우스의 수수께끼를 해석한다. 프로테우스***는 끊임없는 변신을 통한 정체성의 철학적 개념을 인간에게 알려준다. 어젠 울거나 웃었으며 밤이 되어 시체처럼 잠들었다가, 오늘 아침엔 일어서서 달리는 내가 바로 프로테우스가 아니면 무엇이겠는가? 사방을 바라보아도 눈에 보이는 것은 곧 프로테우스의 환생이 아닌가? 모든 생명체는 인간의 대리인이나 희생자이므로, 나는 어떤 생명체나 사실의 이름을 사용하더라도 나의 생각을 상징으로 나타낼 수 있다. 탄탈로스****는 당신

• Hafiz(1320-1389), 페르시아 최고의 서정시인.
•• 아폴론 신의 도움으로 아름다운 알케스티스를 아내로 맞이한다.
••• '바다의 노인'으로 알려진 해신 중 하나로 이방인을 싫어해 변신하여 도망치는 것으로 유명하다.
•••• 인간에게 금지된 음식을 나눠주고 자식의 인육을 신에게 먹여 신들의 분노를 사 저승에서 영원한 형벌을 받으며 5대에 걸쳐 근친살해를 저지르는 잔인한 저주에 시달린다.

과 나에게 이름에 불과하다. 탄탈로스는 영혼이 미치는 범위 안에서 항상 반짝거리며 파도치는 생각의 물을 마시는 것이 불가능함을 의미한다. 영혼의 환생은 우화가 아니다. 그랬으면 좋았겠지만, 남녀는 절반만 인간이다. 헛간 마당, 들판, 숲, 지상과 땅 밑 물속에 사는 모든 동물들은 하늘을 올려다보며 살아가는 직립 인간의 이런저런 특징과 모습 속에 발을 들여놓고 흔적을 남길 방법을 찾았다. 아! 형제여, 지금껏 그대가 흘려보낸 오랜 세월 동안 습관대로 형태가 굳어 떨어져 내리고 있는 그대 영혼의 타락을 멈추라. 길가에 앉아 지나가는 모든 이들에게 수수께끼를 던졌다고 전해지는 스핑크스의 옛날 우화도 우리에겐 친근하고 적절한 교훈이다. 대답을 하지 못한 인간은 스핑크스에게 산채로 잡아먹혔다. 인간이 문제를 풀면 스핑크스가 죽음을 맞이했다. 우리 인생이란 사실이나 사건이 날개를 달고 끊임없이 떼를 지어 휘몰아치는 것에 지나지 않는다. 그러한 변화는 놀랍도록 다양한 모습으로 찾아와 하나같이 인간의 정신에 질문을 던진다. 탁월한 지혜로 대답을 내놓지 못하는 인간들은 바로 그 사실이나 시간의 문제로 대가를 치러야한다. 사실은 그들의 운신을 막고 억압하여 분별 있는 사람을 진부한 사람으로 바꿔놓으며, 사실에만 맹목적으로 복종하다가 인간을 진정한 인간일 수 있게 해주는 빛의 모든 불꽃을 잃는다. 그러나 더 고귀한 인류에게서 볼 수 있듯이, 인간이 자신의 더 나은 본능이나 감상에 충실하여 사실에 지배당하기를 거부하고 영혼을 굳건히 지켜 원칙을 꿰뚫어본다면, 사실은 기세를 잃고 순순히 제 자리를 찾는다. 사실은 비로소 인간이 주인임을 깨닫고, 가장 저열했던 사실이 제 주인을 칭송한다.

괴테가 그려낸 헬레나의 모습에서는 모든 언어가 의미를 지녀야한다고 여기는 똑같은 욕망이 보인다.『파우스트』에 등장하는 케이론, 그리핀, 포르키아스, 헬레나, 레다 같은 인물들은 어느 정도 정신에 특정한 영향을 미친다고 괴테는 이야기할 것이다. 따라서 그들은 처음 올림피아드에서 존재했던 것과 마찬가지로 오늘날까지 실존하는 영원한 실체다. 그들을 수없이 다루면서 괴테는 자유롭게 유머를 구사하고 자신만의 상상력을 발휘하여 그들에게 육신을 부여한다. 비록 그 시는 꿈처럼 모호하고 환상적이지만, 같은 작가가 쓴 좀 더 평범한 희곡 작품들보다 훨씬 더 매력적이다. 관습적인 이미지의 익숙함으로 마음에 안도감을 불러일으키면서도, 자유분방한 이야기 구조와 쉴 새 없이 이어지는 충격과 놀라움으로 독자의 창의력과 환상을 일깨우기 때문이다.

우주를 포함한 대자연은 하찮은 시인의 성품이 감당하기엔 너무도 거대하지만 그럼에도 그의 어깨에 앉아 그의 손을 통하여 글을 써낸다. 그러므로 그가 보잘 것 없는 공상과 투박한 서정시를 토해내는 것 같더라도 중요한 것은 정확한 비유다. 그래서 플라톤은 이렇게 말했다. "시인들은 스스로 이해 못하는 위대하고 지혜로운 이야기를 털어놓는다." 중세에 발표된 모든 문학 작품들은 그 시대의 정신이 진지하게 성취하려고 애썼던 것들에 대한 은폐된 표현이거나 유쾌한 표현으로 스스로를 설명한다. 마법, 그리고 그것에서 비롯된 모든 것들은 과학의 힘에 대한 심오한 예감이다. 빨리 달리는 신발, 예리한 검, 원리를 지배하고 광물질의 신비한 효능을 지배하며 새의 울음소리를 이해하는 힘은 올바른 방향으로 향하려는 마음가짐의 희미한 노력이다. 영웅의 초자연적인 용기와 영원히 젊음을 유지하는 재능 같은 것들은 '사물의 겉모습에서 마음의 욕망을 이끌어내려는' 인간 정신세계의 노력과 유사하다.

『퍼스포레스트』*와 『골의 아마디스』**를 보면 정숙한 여인의 이마에선 꽃다발과 장미가 피어나지만 무절제한 여인의 이마에선 꽃이 시든다. 『소년과 망토』*** 이야기에선 다정한 제넬라스의 승리 앞에서 어른 독자들도 고결한 환희를 느끼며 놀랄 수도 있을 것이다. 이름 불리는 걸 싫어하는 요정들과 변덕스러워서 신뢰해선 안 되는 그들의 재능, 말하면 안 되는 보물을 찾는 요정들의 연대기에 담긴 모든 가설은 원래 배경이 콘월이나 브르타뉴이긴 해도 사실상 내가 있는 콩코드에서도 진실이다.

최신 연애소설에선 다를까? 나는 『래머무어의 신부』****를 읽는다. 윌리엄 애쉬턴 경은 천박한 유혹에 대한 가면이고, 레이븐스우드 성은 자존심 강한 빈곤에 어울리는 좋은 이름이며, 국가의 대외적인 임무는 정직한 사업으로 위장하려는 번연*****식 꾸밈에 불과하다. 우리는 누구나 부당하고 세속적인 것을 억눌러 극복함으로써, 선하고 아름다운 것을 망가뜨리는 야생 황소를 쏘아 쓰러뜨릴 수 있을 것이다. 루시 애쉬턴●●●●●●은 정절을 상징하는 또 하나이 이름으로, 정절이란 늘 아름답지만 이 세상에서 항상 고난을 겪기 쉽다.

그러나 인간이 속한 시민 사회 역사와 형이상학적인 역사와 더불어 또 다른 역사는 매일 앞으로 나아가며, 그 바깥세상의 역사 속에서도 인간은 어김없이 엄혹하게 휘둘린다. 인간은 시간의 결정체이며, 또한 대자연의 산물이다. 인간의 삶이 사슬처럼 연결되어 있는 유기적 존재 및 무기적 존재와 밀접한 관계를 맺고 있다는 사실로 볼 때, 인간의 힘은 무수한 관계에서 생겨난다. 옛 로마의 광장에서 시작되는 공공 도로는 동서남북으로 뻗어나가 제국 전 지역의 중심지로 연결되었으며, 페르시아와 스페인, 영국 등지에서 시장이 서는 모든 도시는 병사들에게 중심지로 인식되었다. 말하자면 마치 자연에 존재하는 모든 대상의 중심부로 이어지는 고속도로처럼 인간의 마음에서 나온 생각 역시 인간의 영역으로 축소된다. 인간은 관계가 뭉쳐진 덩어리, 즉 뿌리의 매듭이며, 거기에서 피어난 꽃과 열매가 세상이다. 물고기의 지느러미가 물의 존재를 예고하고, 알에 들어 있는 독수리

• Perceforest, 14세기 경 탄생한 작자 불명의 로망스 문학.
•• Amadis de Gual, 16세기에 유행했던 스페인의 기사도 문학 작품 중 하나.
••• The Boy and the Mantle, 아서왕 전설을 담은 아동용 민담.
•••• The Bride of Lammermoor, 월터 스콧 경의 비극적인 역사소설.
••••• John Bunyan(1628-1688), 기독교 문학『천로역정』을 쓴 영국 작가 겸 설교가.
•••••• 『래머무어의 신부』에서 연인과 헤어져 강제로 정략결혼을 올리기 전날 신랑을 죽이고 비극적인 죽음을 맞이하는 주인공 이름.

의 날개가 허공을 전제로 하듯이, 인간의 능력은 그가 타고난 천성을 나타낸다. 인간은 세상과 떨어져서는 살 수가 없다. 만일 나폴레옹을 외딴 섬의 감옥에 가둬놓고서 사람들을 다스리는 그의 능력도, 기회도 허락하지 않고 기어올라갈 알프스도 존재하지 않았다면, 그는 허튼짓만 하는 멍청이로 보였을 것이다. 인구 밀도가 높고 복잡한 이해관계가 얽혀 적대 세력이 존재하는 큰 나라로 그를 옮겨놓아야만, 비로소 나폴레옹이라는 인간이 우리 눈에 보일 것이다. 즉 그토록 상세한 약력과 윤곽에 묶여 있어야만 가상의 나폴레옹이 아닌 진짜 나폴레옹이라는 인물이 우리 눈에 들어올 것이다. 여기 와 있는 것은 탈보트°의 그림자에 불과하다.

"그의 실체는 여기 없습니다.
귀하가 보는 것은 인간성의 가장 하찮은 부분,
가장 미미한 부분이기 때문입니다.
그러나 광활하고 드높은 천막을 가득 채웠던
나의 군대 전체가 이곳에 왔더라면
귀하의 지붕으론 비좁을 것입니다."

_『헨리 6세』

콜럼버스가 탐험의 여정을 계속 이어가려면 지구가 필요하다. 뉴턴과 라플라스[**]에겐 무수한 세월과 별이 빽빽한 천체 공간이 필요하다. 중력으로 작용되는 태양계는 이미 뉴턴의 정신 속에 근본적으로 예언되어 있다고 누군가는 말할지도 모르겠다. 화학자 데이비나 게이뤼삭의 두뇌 역시 어린 시절부터 소립자의 친화성과 반발력을 탐구하여 구성 원리를 예견한다. 인간 태아의 눈은 빛을 예견하여 형성되지 않던가? 헨델의 귀는 조화로운 소리의 마법을 예측하지 않는가? 와트, 풀턴, 위트모어, 아크라이트 같은 발명가들의 건설적인 손가락은 온도에 따라 단단하기도 하고 용해되기도 하는 금속의 질감과 돌, 물, 나무의 성질을 예측하지 않았던가? 소녀의 사랑스러운 속성은 시민 사회의 세련됨과 꾸밈을 예상하게 하지 않던가? 여기서 우리는 인간에 대한 인간의 행동을 상기한다. 인간의 마음은 아무리 오랜 세월 생각에 잠기더라도 사랑의 열정이 단 하루 동안 가르치는 만큼의 깨달음을 얻지 못한다. 모욕을 당해 심한 격분에 휩싸이거나, 감동적인 연설을 듣거나, 국가적인 환희나 위기의 순간에 무수한 사람들과 울컥하는 심정을 공유해보지 않고서야, 그 누가 자기 자신을 잘 안다고 여길 수 있을까? 내일 난생 처음 만나게 될 사람의 얼굴을 오늘은 그려낼 수 없는 것처럼, 경험을 앞당겨 겪어보거나 새로운 대상

• 백년전쟁을 끝낸 영국의 존 탈보트 장군, 아래는 셰익스피어의 희곡『헨리 6세』에서 탈보트 장군과 오베르뉴 백작부인의 대화.

•• Pierre Simon Laplace(1749-1827), 프랑스의 천문학자, 수학자.

이 어떤 능력이나 느낌을 펼쳐놓을지 예측할 수 있는 사람은 아무도 없다.

이처럼 서로 일치하는 이유를 탐구하느라 일반론의 뒤에 숨지는 않겠다. 다시 말해 마음은 하나이고 그 본질은 상관관계라는 이 두 가지 사실을 고려하여 역사를 읽고 써야한다는 것으로 족하다.

그러므로 모든 면에서 인간은 각각의 제자를 위하여 자신의 보물에 전념하고 그것을 재생산한다. 그의 제자 역시 모든 경험의 순환을 거쳐갈 것이다. 그는 자연의 빛줄기를 하나로 모을 것이다. 역사는 더 이상 따분한 책이 아니게 될 것이다. 역사는 모든 정의롭고 현명한 인간의 모습으로 변하여 세상을 걸어 다닐 것이다. 당신이 읽은 책의 언어와 제목을 나에게 말해줄 필요는 없다. 당신이 간접적으로 살아본 시대가 어떠했는지 내가 느끼도록 해주면 될 일이다. 인간은 명예의 신전이 될 것이다. 시인들이 여신의 모습을 묘사했듯이 인간은 온갖 멋진 사건과 경험으로 색칠된 예복을 입고 걸어 다닐 것이며, 고귀한 지식으로 이루어진 그의 고유한 틀과 개성은 다채로운 조끼가 되어줄 것이다. 나는 그에게서 내세를 발견할 것이며, 그의 어린 시절에선 황금시대를, 선악과를, 대항해의 모험을, 아브라함의 외침을, 신전의 건축을, 예수의 강림을, 암흑시대를, 문예 부흥을, 종교개혁을, 신대륙의 발견을, 새로운 과학의 출현을, 인간이 믿는 새로운 종교를 발견할 것이다. 그는 목신 판(Pan)의 사제가 되어, 새벽별의 축복과 하늘과 지상에 기록된 모든 혜택을 가지고 소박한 오두막으로 돌아올 것이다.

이러한 주장에선 다소 오만함이 느껴지는가? 그렇다면 우리가 알지 못하는 것을 알은체하는 것이 무슨 소용이 있겠느냐며, 내가 쓴 모든 내용을 부인해야할까? 그러나 무언가 모순되는 것 같은 다른 언급 없이는 한 가지 사실을 강력하게 주장하지 못하는 이유는 우리가 사용하는 어법의 잘못이다. 나는 우리 인간의 실제 지식이 매우 비천하다고 생각한다. 벽을 기어다니는 쥐의 발소리를 듣고, 담장을 오르는 도마뱀과 발밑의 곰팡이와 통나무에 낀 이끼를 보라. 이 같은 생명의 세계에서 도대체 내가 호의적으로나 윤리적으로 아는 것은 무엇인가? 백인종만큼이나 오래된, 어쩌면 더 오래된 이들 생명체는 삶의 지혜를 지켜왔지만, 그들이 서로에게 전달한 말이나 기호는 기록으로 남아 있지 않다. 5, 60개의 화학 원소와 역사적 시대 사이에서 책은 어떤 연관성을 보여주는가? 아니, 인간의 형이상학적 연대기 외에 역사가 기록하는 것은 무엇인가? 죽음과 불멸이라는 이름 뒤에 우리가 감추고 있는 미스터리에 역사는 어떤 빛을 비추는가? 그러나 모든 역사는 우리가 관련되어 있는 범위를 예상하고 사실에서 상징을 파악하는 지혜를 바탕으로 기록되어야 한다. 이른바 역사라고 하는 우리의 기록이 천박한 야담에 불과한 것을 보면 나는 수치스럽다. 로마와 파리와 콘스탄티노플을 우리는 얼마나 더 들먹여야하는가! 쥐와 도마뱀에 대해서 로마가 무엇을 알겠는가? 서로 밀접하게 살아가는 생명 체계에 올림픽 경기와 집정 정부는 무슨 의미가 있을까? 아니, 에스키모 바다표범 사냥꾼과 카누를 탄 카나카 원주민과 어부와 부두 일꾼과 짐꾼에게 역사는 어떤 먹거리나 경험이나 도움을 줄 수 있을까?

우리가 너무 오랜 세월 눈길을 주었던 이기심과 오만함의 낡은 연대기 대신에, 폭넓게 관계를 맺고 있는 핵심적인 우리 인간의 본성을 더 진실하게 표현하려면 도덕적으로 개혁된 태도로, 언제나 새롭고 언제나 치유의 힘을 지닌 양심을 쏟아 부어서 우리의 연대를 더 폭넓고 더 깊게 기록해야한다. 이미 그런 날은 우릴 위해 존재하며 부지불식간에 우리를 비추고 있지만 과학의 길, 문학의 길은 인간 본성으로 이어지는 길이 아니다. 해부학자나 고전연구가보다는 오히려 바보, 인디언, 어린아이, 교육 받지 못한 농부의 아들이 어떤 본성을 읽어낼 것인지 알려주는 그 빛에 더 가까이 서 있다.

사랑
LOVE

영혼의 모든 맹세는 무수한 방법으로 나타나며 제각기 다르다. 억제할 수 없이 흘러넘쳐 늘 앞서 기대하는 인간의 본성은 친절의 정서를 처음 느낀 순간 이미 호감을 예상하는데, 이런 호감은 보편적인 양상을 띠게 되면 특별한 관심이 모두 사라져 버린다. 이러한 행복의 극치는 일대일의 은밀하고 다정한 관계에서 시작되어 인생에 환희를 안겨주며, 성스러운 영감과 정열처럼 일정 기간 동안 사람을 온통 사로잡아 그 사람의 몸과 마음에 일종의 혁명을 일으키게 하고, 새삼 인류애를 느끼게 하여 가족 관계와 사회관계를 돈독하게 만들며, 인간의 본성에 대한 새로운 공감대를 형성하여 분별력이 높아지고 상상력이 풍성해지도록 이끌며, 영웅적이고 종교적인 태도가 성품에 더해지면서 결혼으로 정착하여 인간 사회에 영속성을 부여한다.

모든 청춘 남녀가 가슴 두근거리는 경험을 솔직하게 고백할 때 드러나는 생생한 색채를 제대로 묘사하기 위하여 연애 감정을 혈기 왕성한 한창 때와 자연스럽게 연결시키다 보면, 어쩐지 그 감정을 설명하는 이의 나이가 너무 많으면 안 될 것 같다. 젊은이들의 감미로운 환상은 성숙한 철학의 묘미를 노쇠하고 지나게 현학적인 태도로 치부하여 한사코 거부한다. 그러므로 사랑의 법정과 의회를 구성하는 사람들이 보기에는 내가 불필요한 완고함과 금욕주의를 들이댄다는 비난을 불러일으키고 있음을 잘 안다. 하지만 나는 이처럼 무시무시한 검열에서 벗어나 나보다 연배가 높은 이들에게 호소해야 할 것이다. 왜냐하면 우리가 언급하려는 이 감정은 비록 젊은 시절에 시작되기는 하나 나이든 사람들이라고 해서 외면하지는 않으며, 오히려 진정 사랑의 노예가 된 사람들은 늙지 않도록 해줄 뿐만 아니라, 비록 좀 다르고 더 고귀한 종류이기는 하지만 사랑에 빠진 나이든 사람들을 다정한 젊은 아가씨 못지않게 만들어준다는 사실을 감안해야하기 때문이다. 그 감정은 불꽃이어서, 누군가의 은밀한 가슴 한 귀퉁이에서 처음 은근하게 피어난 불씨는 또 다른 은밀한 마음에서 튀어나온 방황하는 불꽃과 만나 스파크를 일으키고, 수많은 남녀의 마음을 따스하게 비추는 불빛이 될 때까지 점점 크게 자라나, 모든 인류의 보편적인 마음을 밝히고, 결국 온 세상과 모든 대자연을 활활 타오르는 불길로 비추기 때문이다. 그러므로 그 사랑의 열정은 스무 살이든, 서른 살이든, 혹은 여든 살에 묘사한다고 해도 아무런 상관이 없다. 초창기의 사랑을 그려내는 사람은 훗날 경험하는 그 감정의 일부를 놓칠 테고, 마지막 사랑을 그려내는 사람은 예전 사랑의 특징을 얼마간은 잊었을 것이다. 다만 인내심과 뮤즈의 도움으로, 영원히 젊고 아름다운 진실을 묘사하는 사랑의 법칙을 어떤 각도에서 보더라도 흔들림 없이 중심을 잃지 않는 내면의 시각을 갖게 되기를 빌 따름이다.

첫 번째 조건은 사실에 너무 가깝게 다가가 연연하는 집착에서 벗어나, 역사가 아니라 희망 속에 나타난 모습대로 그 감정을 연구해야 한다는 점이다. 인간은 누구나 상상 속에서 자신의 인생이 망가지고 결함이 있다고 생각하지만, 실제 인생은 그렇지 않다. 타인의 경험은 멋지고 이상적이라 여기는 반면에, 누구나 자기 자신의 경험은 확실히 실수로 얼룩져 있다고 느낀다. 자신의 인생을 아름답게 만들어주었으며, 가장 진심 어린 가르침과 자양분을 주었던 황홀한 인간관계로 되돌아가 보라고 하면, 누구든 몸을 움츠리며 신음을 흘릴 것이다. 애석하도다! 그 이유는 나도 알 수 없지만, 원숙한 나이가 되면 끝을 알 수 없는 무한한 죄책감이 자리를 잡으면서 샘솟는 기쁨의 추억을 손상시키고 사랑했던 모든 이름을 덮어 버린다. 지성이나 진실의 관점에서 바라보면 모든 것이 아름답다. 그러나 경험으로 돌이켜보면 모든 것이 괴롭다. 세세한 계획은 우울하지만, 그 의도는 멋지고 고귀하다. 현실의 세상, 시간과 공간의 제약을 받는 고통스러운 이 왕국에는 걱정과 병폐와 두려움이 살고 있다. 그러나 생각과 이상이 있다면 세상은 불멸의 환희요, 기쁨의 장미다. 아름다운 뮤즈의 노래가 온 세상을 둘러싸고 울려 퍼지도록 하라. 그러나 서글픔은 여전히 이름과 사람들에게, 오늘과 어제 보인 관심의 일부분에 달라붙어 있다.

인간 본성의 강한 성향은 이 개인적인 인간관계의 주제가 사회 구성원들의 대화에서 차지하는 비율에서도 드러난다. 훌륭한 인물에 대해서 알고자 할 때, 이 사랑이라는 감정의 역사 속에서 과연 그는 어떻게 빠져들었을까 하는 궁금증만큼 강렬한 것이 또 무엇이 있을까? 이동도서관에서 가장 널리 읽히는 책은 무엇일까? 열정적인 연애소설을 읽으며, 진실과 본성의 불꽃을 일으키는 이야기를 접했을 때 우리의 마음은 얼마나 뜨겁게 불타오르는가! 인생행로에서 두 사람 사이의 애정을 방해하는 길이 펼쳐지는 것만큼 우리의 마음을 아프게 하는 것이 또 어디 있을까? 아마도 우리는 그 두 사람을 이제껏 본 적이 없고 앞으로 두 번 다시 만날 일도 절대 없을 것이다. 그러나 두 사람이 시선을 주고받는다거나 깊은 감정을 털어놓는 모습을 지켜보았다면, 우리는 더 이상 그들에게 타인이 아니다. 우리는 두 사람을 이해하며, 로맨스의 발전 과정에 지극한 관심을 품는다. 모든 인류는 연인을 사랑한다. 가장 이른 시기에 드러내는 흐뭇한 만족감과 다정함의 표현은 인간 본성이 언제든 승리를 거둘 수 있는 가장 매혹적인 그림이다. 그것은 거칠고 투박한 사람의 내면에 비쳐드는 정중함과 매력의 서광이다. 개구쟁이 마을 소년은 학교 교문 앞에 있는 소녀들을 놀려댄다. 그러나 오늘 소년은 교문으로 뛰어 들어가다가 문득 가방을 정리하고 있는 예쁜 소녀와 마주친다. 도와주려고 소녀의 책을 집어드는 순간, 소년은 소녀가 도저히 손닿을 수 없는 곳으로 멀리 떨어져 어느 신성한 구역에 있는 사람처럼 느껴진다. 여자아이들 무리 속에서라면 충분히 짓궂게 뛰노는 소년이건만, 홀로 있는 소녀에겐 거리감을 느낀다. 바로 지금 이 순간 너무도 가까이 거리를 좁힌 두 어린 이웃은 비로소 서로의 인격을 존중하는 법을 배운 셈이다. 또는 명주실 한 타래나 종이 한 장을 사려고 시골 가게에 들어갔다가 훤한 얼굴에 성격도 좋은 청년 점원과 반시간쯤 별 것도 아닌 얘기로 대화의 꽃을 피우는 매혹적인 여학생들의 절반쯤은 순박하고 절반쯤은 유혹하는 듯한 모습에서 시선을 뗄 수 있는 사람이 누가 있을까? 마을에서 그들은 완벽하게 대등한 관계를 맺고 있기에 사랑이 찾아들기에 적당하며, 딱히 교태를 부리지 않더라도 행복하고 애정 넘치는 여성의 본성은 그들이 나누는 어여쁜 잡담 안에서 흘러넘친다. 아가씨들의 미모가 뛰어나지 않을 수도 있지만, 각자 즐거운 일은 무엇이고 진지하게 좋아하는 것은 무엇인지, 에드가와 조나스와 알미라에 대해서, 파티에는 누가 초대되었는지, 댄스 교습소에서 춤을 춘 것은 누구인지, 노래 교습소는 언제 시작될 것인지, 어떤 파티가 감탄을 불러일으켰는지 따위의 잡다한 대화를 솔직하게 나누면서, 선량한 청년과 그들 사이엔 가장 기분 좋고 믿음직한 관계가 형성된다. 머잖아 청년은 아내를 얻어야하므로, 학자들과 위인들이 겪었던 사건을 들어 밀턴이 개탄해마지 않았던 위험 부담 없이, 성실하고 상냥한 짝을 어디에서 찾아야하는지는 마음 깊은 곳에서 우러나온 진심을 다해 그가 알아내게 될 것이다.

　어느 공개 강연에서 내가 지성을 지나치게 중시한 나머지 인간관계의 측면에는 부당하게 냉정해졌다는 이야기를 들은 적이 있다. 그러나 지금 나는 그 혹독한 비난의 말을 떠올리는 것만으로도 거의 몸이 움츠러든다. 인간은 사랑으로 가득한 사회에 살고 있기 때문에, 가장 냉정한 철학자라도 인간 본성에 반하여 그 사회적 본능을 폄훼하는 말을 했다가는 당장 그 언급을 취소하고 싶은 마음이 들 수밖에 없으며, 그런 마음 없이는 사랑의 힘을 찾아 인간의 본성을 헤매 다니는 젊은 영혼에 진 빚을 제대로 설명할 수 없기 때문이다. 또한 하늘에서 쏟아져 내리는 듯 황홀한 사랑의 희열은 젊은 나이에만 사로잡힐 수 있는 기쁨이며, 비록 그 어떤 분석이나 비교도 불가능할 만큼 압도적이어서 우리가 자신의 처지를 잊을 정도로 몰두하게 되는 빼어난 외모는 서른 살이 지난 이후엔 좀처럼 만날 수 없지만, 그럼에도 그러한 황홀한 경험의 추억은 다른 모든 기억보다도 오래 지속되며, 가장 늙은 노인의 주름진 이마를 장식하는 화환으로 남기 때문이다. 그러나 여기엔 기묘한 사실이 있다. 수많은 사람들은 과거 경험을 새로이 돌이켜 볼 때, 자신의 인생이 기록된 책에서 그 어느 것보다도 황홀한 추억이 담긴 페이지를 발견하게 되는데, 거기엔 고유한 진실을 품고 있는 심오한 매력을 굳이 우연하고 사소한 환경의 탓으로 돌려 억지로 마법 같은 일이 벌어졌다고 우기는 글귀가 적혀 있게 마련이다. 과거를 새삼 돌이켜보면, 기억 속에서 영원히 변하지 않게 보존된 매력

자체보다는 더듬더듬 떠올리는 추억이 더 생생하게 다가온다는 깨달음을 얻게 될 것이다. 그러나 각자 아무리 특별한 경험을 했다고 하더라도, 인간은 세상 모든 만물을 새롭게 탄생시킨 그 놀라운 힘이 자신의 마음과 두뇌에 새겨졌던 순간을 영원히 잊지 못한다. 인간의 마음에 음악과 시와 예술을 깃들게 하고, 대자연의 얼굴을 자줏빛으로 찬란하게 물들여 아침과 밤에 서로 다른 황홀경을 선사해주었던 것도 바로 그 사랑의 힘이었으며, 한 사람의 단조로운 목소리에 마음을 온통 사로잡혀서 아주 사소한 상황도 그 사람과 연관되면 마음에 황홀한 추억의 불씨를 남길 때, 그 사람이 눈앞에 있으면 온통 그에게 시선이 쏠리고 그가 떠나가면 모든 것이 추억으로 간직될 때, 젊은이의 시선이 창문만 바라보고 있거나 장갑 한 짝, 베일 하나, 리본 하나, 마차 바퀴까지도 유심히 바라볼 때, 가장 선량하고 순수한 옛 친구들이라고 해도 그는 새로운 생각에 사로잡혀 더 풍요롭고 다정한 대화를 이끌어낼 수 있는 사람이 되었기 때문에 어느 곳을 가더라도 너무 고독하다고 느껴지지 않는다거나 너무 조용하다고 생각되지 않을 때, 그것은 다 사랑의 힘 덕분이다. 사랑하는 연인의 모습, 행동, 말은 물에 새겨진 다른 허상과 달리, 플루타르코스가 말했던 것처럼 '변치 않는 불로 유약을 입혀' 한밤중에 떠오르는 모습이 되기 때문이다.

"그대가 어디에 있든, 그대는 떠나가도 떠난 것이 아니다
그대는 지켜보는 눈을 그에게 남겼으니, 사랑하는 그대의 마음도

그에게 남아 있다."*

인생의 정오와 오후에 접어들어도 여전히 우리는 행복했음에도 충분히 행복하다 느끼지 못했던 시절을 회상하며 마음이 괴롭지만, 고통과 두려움이 주는 희열에 취해 그런 생각을 버려야 한다. 사랑에 대한 다음과 같은 말로, 우리는 그 문제의 비밀을 건드려보았기 때문이다.

"다른 모든 즐거움도 그 고통에는 미치지 못한다." 낮도 충분히 길지 않고 짧은 밤도 간절한 추억으로 지새워야 할 때, 베개를 베고 누워서도 머릿속은 온통 앞으로 해야 할 일에 대한 너그러운 결심으로 밤새도록 들끓고 있을 때, 한밤중은 즐거운 열병이고 별은 연인의 편지이며 꽃은 암호이고 허공에서 노랫소리가 들려올 때, 모든 일이 하찮게 느껴지고, 거리를 바삐 오가는 모든 남녀가 그저 그림처럼 느껴질 때, 사랑의 고통은 희열보다 달콤하다.

사랑의 열정은 젊은이의 세상을 온통 새롭게 만든다. 세상 모든 것이 생생하고 의미심장해진다. 대자연이 점점 의식된다. 나뭇가지에 앉아 있는 모든 새는 이제 그의 마음과 영혼을 위한 노래를 부른다. 새들의 노래가 거의 뚜렷한 곡조를 이룬 듯 들려온다. 구름을 쳐다보면 구름 속에 얼굴이 보인다. 숲의 나무와 물결치는 풀밭, 살며시 고개를 드는 꽃들도 이해력을 갖춘 듯, 비밀을 털어놓으라고 속삭이는 것 같지만 선뜻 그들을 믿기는 두려워진다. 그럼에도 자연은 위로와 공감을 전한다. 초록 빛 자연의 고독 속에서 청년은 사람들과 부대낄 때보다 더 아늑한 고향을 느낀다.

"분수대와 길 없는 숲,
창백한 열정이 사랑하는 곳,
달빛이 거닐 때면, 새들은 모두
아늑한 둥지에 몸을 뉘고, 박쥐와 부엉이만 돌아다니니,
지나가는 신음처럼 울리는 한 밤의 종소리는
우리 마음을 달래주는 울림이로다."**

숲속에 있는 저 멋진 미치광이를 보라! 그는 감미로운 소리와 풍경으로 이루어진 궁전이다. 그는 팽창을 거듭하여 인간의 두 배 크기로 늘어난다. 그는 양손으로 허리를 짚고 걷는다. 그는 혼잣말을 한다. 그는 풀과 나무에게 말을 건넨다. 그는 제비꽃과 토끼풀, 백합의 피를 자신의 혈관에서 느낀다. 그는 자신의 발을 적히는 시냇물과 대화를 나눈다.

대자연의 아름다움에 대한 감수성을 눈뜨게 해준 사랑의 열기는

• 영국 시인이자 성직자였던 존 던(John Donne, 1572-1631)의 시 「혼례의 노래 (Epithalamion, or Marriage Songs)」중에서.
•• 존 플레처의 시 「비애(Melancholy)」중에서.

그가 음악과 시를 사랑도록 만들었다. 다른 어떤 상황에서도 제대로 글을 쓰지 못했던 사람이 사랑의 열정에 영감을 받아 훌륭한 시를 쓰게 되는 경우는 종종 관찰되는 사실이다.

좋아하는 마음의 힘은 인간의 모든 본성을 압도하는 열정이다. 애정은 감정을 확장시킨다. 애정은 어릿광대를 신사로 만들어주고, 겁쟁이에겐 용감한 심장을 선사한다. 가장 한심하고 비참한 사람도, 사랑하는 상대의 얼굴만 볼 수 있다면 세상과 맞설 대범한 심장과 용기를 품게 된다. 상대방에게 자신을 전부 다 바쳐도, 여전히 사랑은 그에게 더 많은 것을 갖게 해준다. 사랑에 빠진 사람은 새로운 인식과, 새로이 더욱 예리해진 의도로 성품과 목표의식에 종교적 진지함을 갖춘 새로운 인간으로 탄생한다. 그는 더 이상 가족과 사회에 얽매이지 않는다. '그'는 무언가 달라졌다. '그'는 한 사람의 개인이고, '그'는 하나의 영혼이다.

이쯤에서 청년 인간에게 강력한 영향력을 미치는 사랑의 본질을 좀 더 면밀하게 검토해보자. 우리는 인간에게 모습을 드러낸 사랑의 아름다움을 찬미하고 반기지만, 어디서든 기꺼이 빛을 뿜어대며 모든 이에게 기쁨을 선사하고 사람들 스스로 흡족하도록 이끌어주는 태양처럼, 사랑은 그 자체로도 충만한 듯하다. 사랑에 빠진 사람은 상대 아가씨가 가엾고 불쌍한 사람이라고 제멋대로 상상하지 못한다. 꽃이 피어난 나무처럼 너무도 부드럽고 갓 돋아난 싹처럼 영혼을 일깨워주는 사랑스러움은 혼자서도 잘 어울리고, 사랑에 빠진 사람의 눈에는 왜 아름다움을 그릴 때 늘 사랑과 우아함이 함께 따라다니는 지 가르쳐준다. 연인의 존재는 세상을 풍요롭게 해준다. 그녀를 바라보느라 다른 사람들의 존재는 전부 천박하고 무가치하게 여겨져 그의 눈 밖에 나겠지만, 그에 대한 보상으로 그녀의 존재는 어딘가 사적인 관계를 벗어나 더 크고 일상적인 현실을 펼쳐 보임으로써, 이 세상의 모든 선택된 존재와 미덕을 대표하는 사람이라는 의미를 그에게 전한다. 그런 연유로 사랑에 빠진 남자는 자신의 연인의 외모에서 가족이나 다른 사람과 개인적으로 닮은 구석을 절대 찾지 못한다. 오히려 그의 친구들은 그녀가 자신의 어머니나 자매, 혹은 혈연이 아닌 사람들과 닮은 점을 찾아낸다. 그러나 그녀의 연인은 여름밤과 다이아몬드처럼 찬란한 아침, 무지개와 새들의 노랫소리 이외에는 누구와도 닮은 데가 없다고 생각한다.

옛날 사람들은 아름다움을 미덕의 꽃이라 불렀다. 서로가 흘깃 바라본 얼굴과 형태에서 발견한 말로 형언할 수 없는 매력을 누가 분석할 수 있을까? 우리는 다정함과 흡족한 감정을 느끼고 감명을 받지만, 방황하는 불빛과도 같은 이 우아한 감정이 어디를 가리키는지는 짐작하지 못한다. 그 감정이 대체 어떻게 구성되는 것인지 분석을 시도해보았다가는 아름다움에 대한 상상이 파괴되고 만다. 사회에 잘 알려져 있는 우정과 사랑의 묘사와 연결 지어 보려고 해도 어울리지 않는다. 하지만 내가 보기에 아름다움이란 전혀 동떨어지고 손닿을 수 없는 다른 영역이어서, 세상을 초월한 섬세함과 다정함과 관련이 있으며, 장미와 제비꽃이 넌지시 알려주고 예언할 수 있는 정도의 무언가로 생각된다. 우리는 아름다움에 다가갈 수 없다. 아름다움의 특징은 비둘기의 목덜미에 잠시 머물다 덧없이 사라져버리는 오팔의 반짝임 같은 섬광이다. 그런 점에서 아름다움은 하나같이 무지개 같은 본성을 지니고 있는 가장 탁월한 것들과 닮아 있다. 인간이 마음대로 점유해 사용하려는 시도를 거부하기 때문이다. 장 폴 리히터*가 음악을 가리켜, "물러가라! 물러가! 그대가 내게 원하는 것은 내 평생 끊임없이 찾아 헤맸으되 찾지 못했으며 앞으로도 찾지 못할 것이니라."라고 말했을 때, 그는 또 어떤 다른 의미를 상징했을까? 이처럼 좀체 파악하기 어려운 아름다움은 조형미술의 모든 작품에서도 엿볼 수 있을 것이다. 조각품은 이해가 불가능해지기 시작할 때, 그리고 비판의 영역을 넘어섰을 때, 그래서 더는 제도용 컴퍼스나 자로 재서 정의를 내리기 힘들어지지만, 활발한 상상력이 요구되면서 예술 행위 그 자체에 의미가 있다고 이야기할 때, 그제야 비로소 아름답게 느껴진다. 조각가가 빚어내는 신이나 영웅의 모습은 항상 감각적으로 표현할 수 있는 것에서 '벗어나' 표현할 수 없는 것을 '향하여' 변해가는 과정에서 재현된다. 그제서야 처음으로 그것은 단순한 돌이기를 멈추고 작품이 된다. 그림에 대한 감상도 마찬가지다. 또한 시의 아름다움도 마찬가지여서, 시에 대한 감상은 작품이 우리를 달래주고 만족시켜줄 때 성공을 거두는 것이 아니라, 불가능한 목표를 향해 새로운 노력을 기울일 때 우리를 깜짝 놀라게 하면서 불길처럼 일어나면서 비로소 가능해진다. 그와 관련하여 랜더**는 "좀 더 순수한 감동과 존재의 상태로 언급되어야하는 것이 아닐까"하고 질문을 던진다.

예절과 마찬가지로 개인의 아름다움은 그 어떤 결말로도 우리를 만족시키지 못할 때, 결말이 없는 이야기가 될 때, 세속적인 만족감이 아니라 찬란한 광채와 환상을 제시할 때, 바라보는 사람으로 하여금 자신의 무가치함을 느끼게 할 때, 드높은 창공과 황홀한 석양을 자신의 것이라고 권리를 주장할 수 없는 것처럼 비록 카이사르 같은 인물이라도 그 권리를 주장할 수 없다고 느껴질 때, 그제야 비로소 처음 매력으로 다가오며 그 자체로서 존재한다.

그런 까닭에 나온 말이 있다. "내가 당신을 사랑한다고 해도, 그것이 당신에게 무슨 의미가 있을까?" 우리가 그렇게 말하는 이유는, 우리가 사랑하는 것은 당신의 의지와 상관이 없으며, 그 이상이라고 느끼기 때문이다. 우리가 사랑하는 당신이 아니라 당신이 뿜어내는 빛이다. 그것은 당신 이 당신의 의지 안에 들어 있는 우리는 자신들이 사랑하는 것은 당신의 의중 속에 있는 것이 아니라 당신의 의지 이상의 것이라고 느끼기 때문에 그렇게 말하는 것이다. 그것은 당신이 아니라 당신의 빛이다. 그것은 당신이 자신에 대해서 알지 못하는 것이고, 결코 알 수도 없는 부분이다.

• Jean Paul Richter(1763-1825), 독일 소설가.
•• Walter Savage Landor(1775-1864), 영국 시인이자 수필가.

이는 옛 작가들이 기쁜 마음으로 받아들였던 아름다움에 대한 고상한 철학과 잘 맞아떨어진다. 그들은 이곳 지상에서 형상화된 인간의 영혼이 원래는 홀로 다른 세계를 찾아 이리저리 헤매다가 엉뚱하게 이 세계로 들어오게 되었지만, 이내 대자연의 태양 빛에 어리둥절해진 나머지 실제 사물의 그림자에 불과한 이 세상의 사물 외에는 아무것도 볼 수 없게 되었다고 설명하기 때문이다. 그러므로 신은 영혼의 눈앞에 영광스러운 젊음을 보내주어 스스로 그 아름다운 육신을 이용하여 천상의 선함과 공정함을 상기하는데 도움이 되도록 한 것이다. 그래서 남성은 여성의 모습을 한 그런 젊은이를 바라보며, 그 사람의 모습과 움직임, 지성을 발견하는 데서 최고의 기쁨을 누린다. 그에게는 그런 모습이 아름다움 안에 정말로 무엇이 내재되어 있는지, 아름다움의 원인은 무엇인지 그 존재를 알려주기 때문이다.

그러나 물리적인 대상과 지나치게 대화를 나누면, 영혼은 타락하여 육체적인 것에서 만족을 찾는 오류를 범하게 되면서 얻을 수 있는 것은 비탄뿐일 것이다. 아름다움이 지켜내려고 하는 맹세를 육체는 실천할 수 없기 때문이다. 그러나 아름다움이 인간의 마음에 불러일으키는 이런 환상과 암시를 영혼이 받아들여서 육신을 초월하고 성격이 지닌 힘에 집중하며, 연인들이 말과 행동에서 서로를 배려한다면, 그들은 참된 아름다움의 궁전으로 넘어가 점점 더 아름다움에 대한 사랑으로 마음이 불타오르게 되어, 마치 태양이 난로를 비춰 불길을 꺼버리듯이 그 사랑의 힘으로 천박한 애정을 억압하여 마침내 그들은 순수하고 맑은 영혼을 갖게 된다. 내면에 원래 갖추어진 탁월하고 너그러우며 겸손하고 정의로운 영혼과 대화를 나누면서, 연인들은 전보다 더 본래의 우수하고 고결하고 겸허하며 공정한 것과의 교류를 통해 연인들은 이러한 고귀한 가치에 대한 애정이 더욱 깊어지고 전보다 더 빠르게 그 고귀함을 이해할 수 있게 된다. 그러면 한 사람에게서 엿보이는 귀중한 가치를 사랑하는 마음에서 모든 인류가 그런 마음가짐을 갖기를 바라는 사람으로 발전하므로, 결국 아름다운 하나의 영혼은 모든 이들이 진실하고 순수한 영혼을 갖춘 사회로 그가 찾아들어갈 수 있는 유일한 출입구다. 배필과의 특별한 관계에서 남편은 이 세상 때문에 위축된 아내의 아름다움에 남은 흔적과 얼룩을 어디서든 곧장 알아볼 수 있도록 더 냉철한 시각을 갖게 되어 그것을 지적할 수 있으며, 이제 두 사람은 감정을 상하는 일 없이 서로의 단점과 방해 요인을 가리켜줄 수 있게 되었다는 사실에 공동의 기쁨을 느끼고, 그것을 고치기 위해 서로에게 모든 도움과 위로를 아끼지 않는다. 그래서 수많은 사람들의 영혼이 성스러운 아름다움의 특징을 받아들이는 모습을 지켜보며, 각 사람들 마음속에서 성스러운 것과 이 세상을 오염시킨 흠결을 구분지음으로써, 연인은 신의 창조로 생겨난 영혼들이 만든 영혼의 사다리를 밟고 올라 가장 고귀한 아름다움을 향하여, 신께서 내려주신 사랑과 지식을 향하여 다가가는 것이다.

모든 시대를 막론하고 진정 현명한 사람들은 사랑에 대하여 늘 이와 비슷한 이야기를 들려주었다. 이런 주장은 낡은 것도 새로운 것도 아니다. 플라톤, 플루타르코스, 아풀레이우스°도 그런 가르침을 전하였고, 페트라르카와 안젤로, 밀턴도 같은 이야기를 남겼다. 그러나 이제 이런 주장은 더욱 참된 해석과 질책을 기다리고 있으며, 결혼 생활에서 말로는 고상한 세계를 추구하며 은밀한 신중함을 보이지만, 한쪽 눈으로는 지하실을 훑어보며 가장 진지한 대화라고 해봤자 기껏해야 햄의 맛이나 고기를 저장하는 통에 대한 대화가 전부인 상황을 폭로한다. 최악의 경우, 이 같은 감각론은 젊은 여성들의 교육에 개입하여 결혼이란 아내의 검소한 살림 능력 이외엔 아무것도 의미가 없으며 여성의 일생엔 다른 목표가 없다고 가르침으로써 인간 본성의 희망과 애정을 말살시킨다.

그러나 비록 아름답기는 하지만 사랑에 대한 이 같은 꿈은 우리 인생의 한 장면에 불과하다. 인간의 영혼이 내면에서 외부로 향하는 과정에서, 마치 연못에 던져진 돌멩이나 해에서 뿜어져 나오는 빛처럼 영혼은 무한하게 그 동심원을 확장한다. 영혼의 빛은 우선 가장 가까운 곳을 비추며, 모든 가재도구와 장난감, 보모와 가정부를 거쳐 집과 마당 지나가는 행인을 향하다가, 집안의 모든 식솔을 비추고 차츰 정치, 지리, 역사로 향한다. 그러나 사물은 항상 좀 더 숭고하고 좀 더 내밀한 법칙에 따라 끊임없이 무리를 짓는다. 이웃, 크기, 숫자, 습관, 인간은 차츰 우리를 지배하는 힘을 잃어간다. 원인과 결과, 참된 친밀함, 영혼과 주변 환경 사이에 조화를 갈망하는 마음, 진보적이고 이상적인 본능은 추후에 우위를 차지하므로, 더 높은 곳에서 더 낮은 곳으로 물러나는 관계는 불가능하다. 그러므로 인간을 신격화하는 사랑조차 매일매일 더 인간미를 잃지 않으면 안 된다. 이것에 대해서 사랑은 처음엔 아무런 암시도 주지 않는다. 사람들로 북적거리는 방을 가로질러 서로에 대해 알고 싶은 갈망으로 가득한 시선을 주고받는 청년과 아가씨는 이 새롭고도 상당히 낯선 외부 자극으로부터 한참 뒤에 앞으로 어떤 귀중한 결실이 맺어질 것인지 거의 생각조차 하지 못한다. 식물의 성장은 우선 자극에 민감한 수피와 잎싹의 감수성에서 시작된다. 시선 교환에서 시작된 두 사람의 만남은 공손한 행동과 용감한 행동으로 발전하고, 그러다 불같은 열정에 휩싸여 약혼과 결혼으로 이어진다. 열정은 그 대상을 하나의 완벽한 개체로 바라본다. 영혼은 애정은 그 대상을 하나의 완전한 인격으로 바라본다. 영혼은 완벽하게 육체에 깃들어 있고, 육체는 완벽하게 영혼을 감싸고 있다.

"순수하고 달변인 그녀의 피는
너무도 또렷한 자태로 두 뺨에서 말을 전하고 있으니,
누군가는 그녀의 몸이 생각을 하고 있다고 말할지도 모르겠다."**

• Apuleius, BC 2세기경 로마의 철학자이자 풍자 작가.
•• 존 던의 시, 「엘리자베스 드루어리에 대한 애가(Elegy on Mistress Elizabeth Druery)」 중에서.

로미오가 죽는다면 밤하늘을 아름답게 빛내는 작은 별로 조각조각 몸이 잘려나가야 할 것이다. 이 두 사람은 인생에 다른 목적이 없으며, 로미오는 오로지 줄리엣만을, 줄리엣은 오로지 로미오만을 바랄 뿐이다. 밤, 낮, 학문, 재능, 왕국, 종교는 모두가 영혼의 이 충만한 형태 안에 담겨 있으며, 이 충만한 영혼 안에서 모든 것은 형태를 갖춘다. 연인들은 애정을 담은 말과, 사랑의 맹세, 서로에 대한 애정 비교를 즐긴다. 홀로 있을 때는 상대방에 대한 기억을 떠올리며 위안을 삼는다. 그 사람도 지금 내게 기쁨을 안겨주고 있는 저 똑같은 별을, 똑같은 구름을 바라보며, 같은 책을 읽고 똑같은 감정을 느끼고 있을까? 두 사람은 서로의 애정을 확인하고 그 무게를 가늠하며, 값비싼 비용도, 친구도, 기회도, 재산도 감수하며 모든 것을 합하여 얼마든지 기꺼이 몸값으로 바치더라도, 아름답고 사랑스러운 그 사람을 위해서는 머리카락 한 올도 다치게 할 수 없다는 깨달음에 샘솟는 희열을 느낀다. 그러나 곧 인간의 운명은 이런 아이들도 감당해야 할 몫이다. 위험과 비애, 고통은 모든 인간을 괴롭히듯이 그들에게도 찾아온다. 사랑은 기도를 올린다. 사랑은 간절히 기도를 올린다. 사랑하는 짝을 위하여 사랑은 영원불멸의 힘인 신께 맹세를 한다. 그리하여 두 사람의 결합이 성사되고, 결혼은 대자연의 모든 원소에 새로운 가치를 부여한다. 결혼은 촘촘한 인간관계를 이룬 인연의 실을 하나하나 황금빛으로 물들이고, 아직은 일시적인 상태이긴 하지만 새롭고 더 달콤한 요소로 영혼을 적셔주기 때문이다. 하지만 꽃과 진주, 시를 바치고 항변해보아도, 다른 사람의 마음에 보금자리를 틀어보아도, 진흙 속에 사는 끔직한 영혼을 언제나 만족시킬 수는 없다. 영혼은 결국 이런 애정 어린 속삭임에서 벗어나 마치 장난처럼 무장을 한 뒤, 엄청나게 크고 보편적인 목표를 갈망한다. 완벽한 행복을 갈망하는, 모든 사람들의 영혼 속에 깃들어 있는 영혼은 상대의 행동 속에서 부조화와 단점과 불균형을 감지한다. 그리하여 놀라움과 훈계와 고통이 생겨난다. 그러나 두 사람을 끌어당기는 것은 사랑스러움의 상징, 미덕의 상징이며, 어떤 식으로 감추어져 있든 이러한 미덕은 분명 존재한다. 이들은 모습을 드러내고 또 다시 나타나면서 사람들의 마음을 계속해서 끌어당기지만, 사랑의 표현이 달라지고 상징이 사라지면 본질로 되돌아간다. 이것은 상처 입은 애정을 치유해준다. 그러는 동안 인생은 계속해서 흘러가고, 인간의 마음에 남은 미덕은 각자 갖고 있는 자원을 활용하여 서로 상대의 강인함과 나약함을 깨닫게 만들기 위해서 두 사람이 내세울 수 있는 모든 입장을 조합하여 서로 바꿔보는 놀이임이 입증된다. 두 사람은 서로에게 인류를 대표하는 사람이라는 것이 이 관계의 본질이나 귀결이기 때문이다. 이 세상에서 존재하는 모든 것과 꼭 알아야할 것들은 오묘하게도 남성과 여성의 외피 속에 들어 있다.

 "사랑이 우리에게 꼭 맞춰 선사해준 사람은
  천상의 양식인 만나처럼 그 안에 모든 맛이 담겨 있다."*

세상은 돌아가고 상황은 시시각각 변한다. 육체라는 이 신전에 사는 천사는 창가에 모습을 드러내지만, 악마와 사악함도 함께 등장한다. 그들은 온갖 미덕의 힘으로 하나가 되어 있다. 미덕이 있다면 모든 사악함도 그와 함께 드러날 것이고, 결국 고백과 함께 달아날 것이다. 한때는 불처럼 타오르던 관심도 시간이 지나면 각자의 가슴속에서 사그라지게 마련이고, 결렬함을 잃는 대신 그만큼 철저하고 선량한 이해심이 생겨난다. 두 사람은 아무런 불평 없이 서로에게서 물러나, 남녀 모두 각자 시간이 지나면 도맡아야할 임무에 충실하며 좋은 관계를 유지하고, 한때는 한 시도 떨어져서 살 수 없을 것 같은 열정 대신에 상대가 곁에 있든 없든 유쾌한 마음으로 한가하게 서로의 계획을 추진할 수 있는 여유를 갖게 된다. 마침내 두 사람은 이런 사실을 깨달으며, 처음 두 사람을 맺어주었던 이끌림 한때는 마법처럼 매력을 뿜어내던 그토록 성스러워 보이던 외모도 은 순식간에 떨어져버리는 낙엽처럼, 집을 지을 때 버팀목으로 옆에 세워두는 비계처럼 끝이 예상되는 허망한 것이었으며, 해가 거듭할수록 지성과 마음을 정화하는 것이야말로 두 사람은 전혀 인식하지 못하고 있었지만 처음부터 예상되고 준비된 진정한 결혼이라는 사실을 알게 된다. 서로 너무 다르지만 함께 맺어져야할 운명을 선물로 받은 한 남자와 한 여

• 영국의 시인이자 수필가인 에이브러햄 카울리(Abraham Cowley, 1618-1667)의 시 「애인(The Mistress)」 중에서.

자, 두 사람의 목표가 한 집안에 갇혀서 40년이나 50년쯤 되는 세월을 함께 부부로 사는 것이라고 생각한다면, 애정의 초창기에 이미 이런 위기를 경고하는 마음의 예언을 강조하는 것도 놀라울 것은 없으며, 본능에 따라 결혼식장을 아름답게 꾸미고 갖가지 선물 공세로 서로에게 인간의 본성과 지성과 기술을 뽐내며 결혼 축가를 불러주는 것도 당연하다는 생각이 든다.

따라서 우리는 성이나 인간, 편애에 대해서는 알지 못한 채로, 어디서나 미덕과 지혜를 추구할 수 있도록 끝까지 미덕과 지혜를 높이는 방향으로 사랑을 위한 훈련을 받고 있다. 우리는 천성적으로 관찰자이기에, 관찰을 통하여 배움을 얻는다. 우리 인간은 영원히 배워야할 존재다. 그러나 우리는 종종 우리의 애정이 하룻밤 머물고 떠날 천막에 불과하다는 느낌을 받는다. 속도는 느리고 고통스럽기는 하지만 애정의 대상은 생각의 대상이 바뀌는 것과 마찬가지로 달라진다. 애정이 인간의 마음을 사로잡아 그를 지배하고, 행복이 특정 인물 한 사람이나 여러 사람에게 결정되는 것은 순간에 벌어지는 일이다. 그러나 건강한 정신은 언제고 다시 눈을 뜨게 마련이다. 불변의 별빛으로 환하게 빛나는 은하수가 드리워진 하늘과, 먹구름처럼 우리를 뒤덮었던 따뜻한 사랑과 공포는 고유한 완벽함을 되찾기 위하여 신과 어우러지면 그 유한한 특징을 잃어버리는 수밖에 없다. 그러나 영혼의 성장 덕분에 우리가 무엇이든 잃을 수도 있다는 염려를 할 필요는 없다. 영혼은 끝까지 신뢰해도 좋을 것이다. 애정의 관계만큼이나 아름답고 매혹적인 영혼은 분명 더 아름다운 것들에 의해 영원히 이어지고 대체될 것이다.

우정
FRIENDSHIP

세상을 얼어붙게 하는 동풍처럼 우리는 엄청난 이기심을 품고 있지만, 사랑의 요소는 아름다운 창공과도 같이 인간계 전체를 뒤덮고 있다. 거의 말도 붙여본 적 없지만 우리가 존경의 마음을 품고 있는 사람들, 또한 우리를 존경하는 사람들을 집 안에 가만히 앉은 채로 우리는 얼마나 많이 만나고 있는가! 거리에서 자주 만나고 교회에 함께 앉아 있는 사람 중에 말을 주고받지 않더라도 함께 있는 것만으로 따뜻하고 즐거운 마음이 들게 하는 사람들이 얼마나 많은가! 서로 방황하다 마주치는 눈빛에 담긴 언어를 읽어야한다. 마음은 알고 있다.

이런 인간의 애정에 빠져들어서 벌어지는 결과는 특별히 다정하고 유쾌한 마음의 표현이다. 시에서나 평범한 대화에서, 타인을 향해 느껴지는 자비심과 흡족함은 불에서 느껴지는 물리적인 영향력과 유사하며, 이렇듯 마음속에서 느껴지는 섬세한 빛의 발산은 불보다도 훨씬 빠르고 더 활동적이며 더 기분을 북돋아준다. 열정적인 사랑이라는 최고 수위부터 가장 낮은 수위인 선의에 이르기까지, 인간의 애정은 인생을 달콤하게 만들어준다.

인간의 지성과 행동의 힘은 애정과 함께 강해진다. 학자는 글을 쓰기 위하여 책상에 앉지만, 오랜 명상으로 세월을 보낸 뒤에도 훌륭한 생각이나 행복한 표현이 저절로 떠오르지는 않는다. 그러나 친구에게 편지를 써야할 필요가 있다면, 손을 움직일 때마다 곧장 다정한 생각이 엄선된 언어로 물 밀 듯이 흘러나온다. 미덕과 자존심을 갖춘 어느 집안에 찾아온 낯선 손님이 불러일으킨 두근거림을 떠올려 보라. 호감을 주는 낯선 손님이 찾아왔다는 소식이 전해지면, 기쁨과 고통이 뒤섞인 불안감이 온 집안 식구들의 마음에 찾아든다. 손님을 맞이할 수밖에 없는 선량한 사람들의 마음엔 외부인의 도착이 거의 공포처럼 느껴진다. 집을 말끔히 청소하고 온갖 물건은 제자리를 찾아야 하며, 낡은 옷은 새 옷으로 갈아입고, 가능하다면 만찬 준비도 해야 한다. 호감을 주는 손님에 대해서는 남들도 모두 좋은 이야기만 들려줄 뿐이고, 우리가 들려줄 이야기도 즐겁고 좋은 소식뿐이다. 그는 우리에게 인류를 대표하는 사람이다. 그는 우리가 바라던 사람이다. 그를 상상하면서 우리는 이런 사람과 이야기하거나 행동할 때 어떤 태도를 보여야 할지 몰라 불안에 떤다. 그런 생각 덕분에 그와 나누는 대화의 격이 높아진다. 우리는 평소보다 이야기를 잘하게 된다. 상상력은 민첩하게 작용하고 기억은 풍부해지며, 사람의 말문을 막는 악마는 한동안 맥을 못 춘다. 장시간에 걸쳐 우리는 진지하고 품위 넘치는 대화를 이어가고, 가장 오래되고 가장 비밀로 감춰왔던 경험에서 비롯된 이야기가 끊임없이 흘러나오면서, 곁에 앉아 있던 가족과 지인들은 우리가 평소에 보여주지 않았던 능력에 깜짝 놀라게 될 것이다. 그러나 그 손님이 자신의 편견과 독단적인 정의와 결점을 대화에 끌어들이기 시작하면 순식간에 모든 것은 끝이 난다. 그가 우리에게 들을 수 있는 첫 대화와 마지막 대화, 그리고 최고의 대화는 이미 지나갔다. 이제 그는 낯선 손님이 아니다. 그의 저속함, 무지, 오해는 익히 잘 알고 있는 것들이다. 이젠 그가 찾아오더라도, 집안 정리와 옷과 식사는 준비하겠지만, 가슴 뛰는 두근거림과 영혼의 소통은 더 이상 없을 것이다.

나를 위해 다시 새로운 세상이 열리는 것처럼 느껴지는 이런 애정의 분출은 왜 그토록 즐거울까? 두 사람이 만나 정의롭고 확고한 태도로 하나의 생각, 하나의 감정을 나누는 일이 그토록 황홀한 이유는 무엇일까? 뛰어난 재능을 갖춘 진실한 사람들이 단계를 밟아 형식을 갖춰 두근거리는 마음으로 다가온다는 것은 얼마나 아름다운 일인가! 우리가 이런 애정에 빠져드는 순간 세상은 전혀 다른 곳으로 탈바꿈한다. 그곳엔 겨울도 없고 밤도 없으며, 모든 비극과 모든 권태는 사라져 버린다. 심지어 모든 의무도 사라져, 멈추지 않고 앞으로 나아가는 영원을 채우는 것은 오로지 사랑하는 사람의 빛나는 모습뿐이다. 영혼은 우주 어딘가에서도 반드시 친구와 재회를 할 것이고, 그러면 천년 동안 홀로 있더라도 흡족하게 즐거운 마음으로 혼자 버틸 것이다.

오늘 아침 나는 옛 친구와 새로운 친구 모두에게 깊은 감사의 마음을 느끼며 잠에서 깨어났다. 매일매일 신이 보낸 선물인 친구의 모습으로 내게 당신을 드러내는 하느님을 아름다움이라고 부르면 안 될까? 나는 어울림을 싫어하여 고독을 받아들이지만, 이따금씩 내 집을 찾아오는 현명하고 사랑스러우며 고결한 마음을 지닌 사람을 알아보지 못할 정도로 은혜를 모르는 사람은 아니다. 내가 하는 말을 귀담아 듣고 이해해주는 이는 나의 사람이 되어, 영원한 소유물로 남는다. 자연은 이런 친구를 얻는 기쁨을 몇 번이고 맛보지 못하게 할 만큼 인색하지 않으며 이렇게 해서 우리는 우리 자신만의 사회적 실을 자아내어, 새로운 인간관계의 그물을 완성한다. 그러면 수많은 생각들이 저절로 꼬리에 꼬리를 물고 이어져 우리는 곧 스스로 만들어낸 새로운 세상에 서게 되고, 더는 전통적인 세상에서 살아가는 이방인이나 순례자 신세가 아니게 된다. 나의 친구들은 내가 굳이 찾지 않아도 나를 찾아왔다. 위대한 신께서 그들을 내게 보내준 것이다. 가장 오래된 권리와 미덕 자체가 지닌 신성한 친밀감으로 내가 그들을 찾아냈거나, 혹시 그게 아니라면, 나의 내면과 친구들의 내면에 깃든 신께서 평소에는 그냥 지나치던 개인의 성격, 관계, 나이, 성별, 환경이라는 두터운 장벽을 조롱하고 철폐하여, 이제 그 수많은 것들을 하나로 만들어주신 덕분이다. 나를 위하여 세상에 새롭고 고귀한 깊이를 선사하고,

내 모든 생각의 의미를 확장시켜주는 뛰어난 연인들이여, 나는 당신들에게 큰 빚을 졌기에 깊은 감사를 드린다. 이것은 인류 최초의 시인이 지은 새로운 시이며, 멈추지 않는 시, 찬가, 송가, 서사시, 서정시는 여전히 흘러나오고 있다. 아폴론과 뮤즈는 여전히 노래를 이어간다. 이렇게 얻은 친구들도, 혹은 그들의 일부도 스스로 또 다시 내게서 멀어져갈 것인가? 그건 나도 알 수 없지만 두려워하진 않겠다. 나와 그들의 관계는 너무도 순수하기 때문에 우리는 최고의 친밀감으로 연결되어 있으며, 내 인생의 수호신 역시 사교적이어서 내가 어디에 있든 이미 사귄 남녀 친구들만큼이나 고결한 사람이라면 누구든 똑같은 친화력을 발휘할 것이다.

이런 점에서 나의 본성에도 지극히 다정한 부분이 있음을 고백한다. 애정이라고 하는 "남용된 와인의 달콤한 독에 빠져드는 것"은 내게 거의 위험한 일이다. 새로운 사람과의 만남은 나에게 엄청난 사건이어서, 나는 수면에 방해를 받는다. 나는 종종 사람들에 대한 행복한 공상을 하며 즐거운 시간을 보내지만, 그 기쁨이 낮에는 멈춰버려서 아무런 결실도 맺지 못한다. 생각은 그런 공상의 결과가 아니며, 나는 행동을 꾸미지 않는다. 친구의 업적에는 마치 그것이 내 것인 양 자부심을 느끼고, 친구의 미덕 역시 나의 재산처럼 느껴진다. 친구가 칭찬을 받으면, 마치 약혼녀에 대한 찬사를 들은 연인처럼 내 마음도 따뜻해진다. 우리는 친구의 양심을 과대평가한다. 친구의 친절은 자신의 친절보다 훌륭하고 친구의 성품은 자신보다 뛰어나며, 친구는 유혹에도 덜 넘어가는 것처럼 보인다. 그의 것이라면 무엇이든, 그의 이름, 체형, 의복, 책, 악기까지도 모두가 환상을 강화한다. 우리가 품었던 생각조차 그의 입에서 흘러나오면 새롭고 더 크게 느껴진다.

그러나 심장의 수축과 팽창은 썰물처럼 빠져나갔다가 밀려들어오는 사랑의 비유에도 해당된다. 영혼의 불멸과도 같은 우정은 너무도 훌륭한 것이라 사람들이 좀처럼 믿기 어려워한다. 자신의 연인을 바라보는 사랑에 빠진 남자는 그녀가 실제로는 자신이 숭배하는 사람이 아니라는 것을 절반쯤 알고 있다. 우정이 절정인 순간에도 우리는 의심과 불신의 그림자를 보고 깜짝 놀란다. 영웅이 빛을 발하는 미덕이 사실은 우리가 부여한 것이라는 사실을 의심하고, 나중엔 그 미덕이라는 성스러운 가치가 그에게 잠재되어 있다고 생각하기 때문에 그를 숭배하는 것이다. 엄밀하게 따지면 영혼은 영혼 자체를 존중하는 것처럼 인간을 존중하지는 않는다. 정밀과학에서 인간은 서로 무한히 동떨어진 관계라는 동일한 조건을 갖고 있다고 생각된다. 그렇다면 우리는 이 우정이라는 천상의 신전에 대한 형이상학적인 근거를 파헤치다가 사랑이 식어버리는 것을 두려워해야하지 않을까? 나는 내가 보는 사물처럼 참된 존재여서는 안 되는 것일까? 만약 내가 참된 존재라면 나는 사물을 있는 그대로 받아들이는 것을 두려워하지 않을 것이다. 사물의 본질은 겉모습에 뒤처지지 않을 만큼 아름다우며, 본질을 이해하기 위해서는 좀 더 섬세한 기관이 필요하다. 우리는 머리 장식과 화환을 장식하기 위해 식물의 줄기를 자르지만 과학적으로 식물의 뿌리는 아무런 영향도 받지 않는다. 게다가 연회장에서 뜬금없이 이집트인의 두개골을 꺼내는 격이 될지 모르지만, 이렇게 안락한 명상에 잠겨 있는 동안에도 나는 자명한 사실을 밝히는 위험을 감수해야 한다. 자신의 생각과 통일된 행동을 보이는 사람은 자신을 받아들이는데 당당하다. 그런 사람은 비록 개별적인 일이 모두 실패의 연속이더라도 전반적인 성공을 의식한다. 그 어떤 혜택도, 권세도, 돈과 힘도 그에게 문제가 되지는 않는다. 결국 나는 다른 사람들의 부유함보다는 나 자신의 가난에 의지할 수밖에 없다. 다른 사람들의 인식을 나의 것으로 동등하게 받아들일 수는 없다. 눈부신 빛을 발하는 것은 오로지 별만 가능하고, 행성은 미묘하게 달과 같은 빛을 띨 뿐이다. 당신이 칭송하는 사람들의 경탄할만한 부분과 훌륭한 인성에 대해 아무리 귀담아 듣는다 해도, 그 사람이 결국 나처럼 가난한 그리스 문화 애호가가 아니라면 엄청 값비싼 외투를 입고 있는 모습을 내 눈으로 직접 본다 해도 그 사람을 좋아할 순 없을 것이다. 오 친구여, 자연 현상의 거대한 그림자는 알록달록 채색된 무한함 속에 그대까지 포함하고 있음을 나로서도 부인하지 못하겠지만, 그대와 비교한다면 다른 모든 이들은 그저 그림자와 불과하다. 그대는 진실이나 정의가 그러하듯 실존하지 않는다. 그대는 나의 영혼이 아니라, 내 영혼의 그림이자 초상이다. 내게 온지 얼마 되지 않은 그대는 벌써 모자와 외투를 움켜쥐고 떠날 채비를 하고 있다. 나무가 잎을 틔우고, 그러다가 점점 새싹이 발아하여 낡은 잎을 몰아내듯이 영혼은 친구를 만드는 것이 아닐까? 대자연의 법칙은 영원히 지속되는 변화다. 모든 전기적(電氣的) 상태에는 반대 전극이 병렬된다. 인간의 영혼은 더 원대한 자기 인식과 고독으로 빠져들 수 있도록 스스로 친구를 곁에 마련해두고는, 대화나 친분을 강화할 수 있도록 한동안 홀로 지낸다. 이 같은 방식은 우리 인간관계의 역사 전반에 걸쳐 잘 드러나 있다. 애정의 본능은 벗과 함께 하고 싶다는 희망을 되살리고, 되찾은 고립감은 우정을 추구하려는 마음을 소환한다. 따라서 모든 사람들은 평생 우정을 추구하며 살게 되고, 만일 본인의 진정한 감상을 기록하고자 한다면 사랑 받기를 원하는 모든 새로운 후보자를 위해 다음과 같은 편지를 쓸지도 모르겠다.

친애하는 벗에게,

만약 내가 그대에 대한 확신이 있고, 그대의 능력을 굳게 믿으며 내 마음과 그대의 마음이 조화를 이룰 거라는 확신이 든다면, 그대의 행동거지가 일으키는 사소한 마찰에 대해 다시는 신경 쓰지 않을 것입니다.

나는 딱히 지혜로운 사람도 아니고 기분도 퍽이나 변덕스럽지만, 아직은 내가 채 알지 못하는 그대의 천부적인 재능을 존중합니다. 그대가 아직은 나를 완벽하게 이해하고 있다고 감히 짐작할 수도 없기에 그대의 존재는 내게 즐거운 고통입니다. 언제나 그대의 벗이거나. 절대 그대의 벗이 될 수 없는 이로부터.

　그러나 이렇듯 불안한 기쁨과 기분 좋은 고통은 호기심을 위한 것일 뿐 인생엔 도움이 되지 않는다. 그런 감정에 너무 빠져들어서는 곤란하다. 그러한 감정은 쌓여도 거미줄에 불과하며 튼튼한 천으로 직조되지 못한다. 인간의 마음이라는 튼튼한 섬유 대신에 포도주와 몽상으로 얼기설기 엮은 우정은 서둘러 앞서 가다 서글픈 결말로 짧게 끝나고 만다. 우정의 법칙은 준엄하고 영원하며, 대자연과 도덕의 법칙으로 함께 엮인 직물이다. 그러나 우리는 조금이라도 빨리 꿀을 빨아먹기 위해 당장 얻을 수 있는 작은 이익만을 목표로 삼아 왔다. 무수한 여름과 겨울을 지내야만 숙성하는 신의 거대한 정원에서도 우리는 가장 늦게 익는 과일까지도 성급하게 낚아챈다. 우리는 친구를 얻을 때도 경건한 마음가짐이 아니라 상대를 나 자신에게 맞추려는 불순한 열정을 품는다. 다 허튼 짓이다. 우리는 미묘한 적대감으로 온몸을 무장하고 있기에, 상대를 만나자마자 적대감이 발휘되기 시작하여 모든 시를 진부한 산문으로 바꾸어 버린다. 사람들은 거의 대부분 만남을 위하여 몸을 낮춘다. 모든 사교는 이미 타협임에 틀림없으며, 더욱이 무엇보다도 최악인 것은 사람들의 아름다운 성품이 담긴 꽃 자체도, 그 꽃의 향기도 서로에게 다가가는 순간 모두 사라진다는 점이다. 실제로 세상 사람들을 만나보면 어찌나 한없이 실망스러운지, 미덕과 재능을 갖춘 사람들도 다 마찬가지다! 멀리 내다보는 선견

지명으로 만남을 극복한 이후에도, 우리는 우정과 사색의 전성기 동안 어리둥절한 충격이나, 갑작스럽고도 난데없는 무관심, 혹은 재치와 원기왕성함이 불러일으킨 발작 같은 반응 탓에 서로 고통을 겪어야 할 것이다. 우리가 지닌 능력은 제대로 발휘되지 못하고, 결국 양쪽 모두 혼자 지내야 안식을 찾게 된다.

　우리는 모든 관계에서 반드시 균형을 유지해야 한다. 나에게 친구가 얼마나 많든지 그건 상관이 없으며, 혹시 나와 동등하지 않은 상대가 있다고 하더라도 서로 어떤 범위 안에서 대화를 하게 되는 그 또한 상관없다. 어떤 경쟁에서 내가 균형을 잃고 움츠러든다면, 나머지 모든 만남에서 느끼게 될 기쁨은 비열하고 비굴한 것이 될 것이다. 만일 그때 또 다른 친구를 피난처로 삼는다면, 나 자신을 혐오하게 될 것이다.

　"싸움터에서 명성을 떨친 용사도

　백전백승 이후에 한 번 패배한다면

　명예의 전당에서 지워지고

　나머지 다른 공적도 모두 잊힐 것이다"*

　그렇기 때문에 우리의 조급함은 심한 질책을 받는다. 수줍음과 냉담함은 민감한 조직이 너무 빨리 익는 것을 막아주는 단단한 껍질이다. 가장 뛰어난 영혼도 아직 때를 알고 소유할 수 있을 만큼 성숙해지기 전까지는 스스로를 잘 안다고 해도 질 수밖에 없는 게임이다. 백만 년의 긴 세월 동안 루비를 빚어내고, 떴다가 사라지는 무지개를 만들듯이 알프스와 안데스를 탄생시킨 대자연의 솜씨를 존중하라. 인생의 선량한 마음에는 조급함의 대가로 누리는 무심한 천국이 허락되지 않는다. 신의 정수인 사랑은 경솔함을 위한 것이 아니라 인간의 전반적인 가치를 위하여 존재한다. 우리 인간의 입장에서는 그처럼 유치한 사치를 즐길 것이 아니라, 가장 엄준한 사랑의 가치를 인정해야 한다. 친구에게 다가갈 때는 그의 마음이 진실하다는 것과 그 마음의 바탕이 드넓어서 절대 무너지지 않을 것이라는 과감한 믿음을 안고 다가서자.

이 주제가 갖는 매력은 도저히 저항할 수 없는 것이므로, 일단은 별로 중요하지 않은 사회적 이득에 대한 이야기는 전부 건너뛰고서, 일종의 절대적이고 선택적이며 신성한 관계여서 사랑의 언어조차 의심스럽고 평범하게 느끼도록 만드는 우정에 대한 이야기를 하려고 한다. 우정보다 더 순수하고 이토록 지극히 신성한 관계는 없기 때문이다.

나는 우정을 고상하게 다루고 싶진 않으며 최대한 과감하게 용기를 내어 언급하려 한다. 진실할 때의 우정은 유리 섬유나 성에가 아니라, 우리가 아는 한 더할 나위 없이 견고한 것이다. 무수한 세월 겪어온 경험 이후에도 현재 우리 인간이 대자연에 관해서나 자신에 관해

• 셰익스피어의 소네트 25번 중에서.

서 알고 있는 것이 무엇인가? 인간의 숙명이 안고 있는 문제 해결을 향하여 우리는 단 한 걸음도 나아가지 못하였다. 어리석음에 대한 비난 하나만 보아도 보편적인 인간 모두에게 해당된다. 그러나 형제의 영혼과의 결합에서 얻어지는 기쁨과 평화의 달콤한 진심은, 모든 자연과 생각이 껍데기에 불과한데 반해 그 자체로서 인생의 알맹이다. 친구가 쉴 곳을 찾아드는 집은 행복하다! 그런 집은 단 하루 동안 친구를 즐겁게 해주기 위하여 축제용 쉼터나 환영 아치처럼 얼마든지 지어질 수도 있을 것이다. 친구가 그러한 관계의 진지함을 알고 우정의 법칙을 존중한다면 더욱 행복할 수밖에 없다! 우정의 서약에 자신을 후보자로 내세우는 사람은 마치 올림픽에 나서는 선수처럼 세상에 먼저 태어난 이들과 경쟁하는 위대한 경기에 뛰어든다. 그는 '시간, 결핍, 위험'이 선수 명단에 올라 있는 경기에 자신을 내던지는 셈이며, 이 모든 훼방꾼의 소진과 눈물 속에서도 자신의 섬세한 아름다움을 지켜낼 수 있을 만큼 진실 되고 굳건한 성향을 지닌 사람만이 승리자가 될 수 있다. 행운이라는 선물을 받을 수도 있고 없을 수도 있겠지만, 이 경쟁에서 성공 여부는 본질적인 고결함을 지키고 사소한 것은 무시하는 태도에 온전히 좌우된다. 우정을 구성하는데 기댈 요소는 두 가지가 있는데, 둘 다 너무도 소중하여 어느 한쪽이 더 우월한지 나로서도 판단할 수 없으며, 무엇을 먼저 거론해야할지 정할 이유도 없다. 하나는 진실이다. 친구는 내가 진심을 보일 수 있는 사람이다. 친구 앞에서는 생각을 그대로 말로 내뱉을 수 있다. 너무도 진

실하고 동등한 인간 앞에서 마침내 우리는 인간으로서 절대 벗어던
질 수 없는 가장 은밀한 속옷과도 같은 위선과 예절, 변덕까지도 드러
내 보일 수 있으며, 마치 화학식에서 하나의 원자가 다른 원자와 결합
하듯 꾸밈없이 온 마음을 다해 친구를 대할 수 있다. 진심은 왕관이
나 권위와 마찬가지로 최고 지위의 인간에게만 허락된 호사이며, 자
신보다 높은 이의 뜻에 따르거나 비위를 맞출 필요가 없기 때문에 진
실을 이야기하는 것이 허락된다. 홀로 있을 때는 누구나 진심을 드러
낸다. 다른 사람이 등장하면서 위선은 시작된다. 우리는 동료 인간들
의 접근을 안부 인사나 잡담, 오락, 일을 빌미로 회피하고 차단한다.
우리는 본인의 생각을 수백 겹의 갈피 속에 감추어 놓는다. 내가 아는
어떤 사람은 특정한 종교적 광기에 휩싸여 그런 겉치레를 떨쳐버리
고 안부 인사와 흔한 잡담을 모두 생략한 채, 엄청난 통찰력과 아름다
움을 담아낸 태도로 만나는 사람마다 심금을 울리는 진솔한 대화를
시도했다. 처음엔 그에 대한 반발이 심했고 모두들 그가 제정신이 아
니라고 입을 모았다. 그로선 그렇게 할 수밖에 없었겠지만 어쨌든 한
동안 그런 일이 지속되자, 그 사람은 주변 지인들과 전부 진실한 인간
관계를 맺게 되는 유리한 입장에 놓이게 되었다. 누구도 그에게 거짓
말을 한다든지, 시장이나 도서관에서 나누는 잡담에서 그를 제외시
키려고 생각하는 사람은 없었다. 그가 확실하게 사람들에게 내보이
는 자연에 대한 사랑, 어떤 시와 어떤 진실의 상징을 품고 사는지 마
치 솔직한 거래처럼 너무나도 고스란히 진심을 드러내는 태도에 모

두들 이끌릴 수밖에 없었다. 그러나 우리들 대부분은 친한 사이에도 얼굴과 눈을 제대로 보여주지 않고 옆모습과 뒷모습만 드러낸다. 거짓의 시대에 사람들과 진정한 관계를 꿋꿋하게 유지한다는 것은 광기어린 행동을 보일만한 가치가 있지 않을까? 우리는 좀처럼 똑바로 서지 못한다. 우리가 만나는 거의 모든 사람들은 어느 정도 예절을 지켜야하며, 기분을 맞춰주어야 한다. 그의 머릿속엔 의문의 여지가 없는 명성이나 얼마간의 재능, 종교나 인류애에 대한 생각이 뿌리 깊이 박혀 있어서, 그것이 그와 나누는 모든 대화를 망친다. 그러나 친구는 온전한 정신으로도 나의 재능이 아닌 나를 받아들여주는 사람이다. 친구는 내게 아무런 조건도 내걸지 않고 즐거움을 안겨준다. 그러므로 친구란 사실상 일종의 모순이다. 오로지 혼자였으며 자연 속에서는 나와 동등한 존재임을 확인할 수 있는 대상을 아무도 발견하지 못했던 내가 이제는 키와 다양함과 호기심까지 모든 면에서 나와 똑같이 닮은꼴이 타인의 형상으로 재탄생된 모습을 보고 있다. 그러니 친구는 어쩌면 자연의 걸작이라 여겨도 좋을 것이다.

우정의 또 한 가지 요소는 다정함이다. 우리는 온갖 종류의 관계, 혈연, 자부심, 두려움, 희망, 이익, 갈망, 증오, 존경, 갖가지 정황과 이름표와 사소한 것들로 사람들과 연결되지만, 사랑으로 인해 우리 마음이 이끌릴 만큼 그토록 수많은 인물들이 서로에게 내재되어 있다고는 좀처럼 믿지 못한다. 우리가 다른 이에게 다정함을 베풀 정도로 엄청난 축복을 받은 타인이 세상에 존재하고, 또 우리는 온전히 그런 순수한 마음을 지니는 것이 가능할까? 어떤 사람이 나에게 소중한 이가 되었다면, 나는 행운의 정점에 도달한 셈이다. 이런 문제의 핵심을 책에서 직접 다룬 글은 거의 읽어본 적이 없다. 그럼에도 기억에 남을 수밖에 없었던 문장이 하나 있다. 저자는 이렇게 말한다. "있는 그대로의 내 모습을 아는 이들에게 우리는 대충 퉁명스러운 자신을 드러내고, 우리가 가장 아끼는 사람에게 오히려 가장 덜 다정하게 군다." 우정에는 시각과 달변이 필요한 만큼이나 발이 꼭 달려있으면 좋겠다고 나는 생각한다. 달을 뛰어넘기 전에 우선 스스로 땅에 뿌리를 내려야하기 때문이다. 나는 우정이 완전히 천사 노릇을 하기 이전에 약간은 평범한 인간으로 존재하면 좋겠다. 우리가 평범한 인간을 꾸짖는 이유는 그들이 사랑을 소모품으로 여기기 때문이다. 우정은 선물의 교환이자, 유용한 채무의 교환이다. 우정은 훌륭한 이웃이며, 아픈 사람을 밤새 간호하는 태도이며, 장례식에서 관을 들어주는 마음이지만, 그 관계의 미묘함과 고귀함은 어느새 완전히 잊히고 만다. 그러나 이렇듯 전쟁터에서 무엇이든 구해주는 장사치로 변장한 우정에서 신(神)을 발견할 순 없겠지만, 반면에 시인이 되어 너무나도 고상한 실만 자아내느라고 실질적인 정의와 꼼꼼함, 충절, 동정심의 미덕을 담아 작품을 구체적으로 탄생시키지 못한다면 그런 시인을 용서할 순 없을 것이다. 겉멋을 앞세우는 세속적인 협력 관계를 의미하는데 우정이라는 이름을 악용하는 것을 나는 혐오한다. 경박하게 생색을 내며 쌍두마차를 타고 나타나 최고급 술집에서 만남을 축하하는 화려하고 향기로운 친목보다 나는 농부나 거리의 장사꾼과 사귀는 편이 훨씬 더 좋다. 우정의 끝은 가능한 한 가장 엄격하고도 편안하게 서로 어울릴 수 있는 교류, 우리가 경험한 그 어느 관계보다도 엄격한 관계를 맺는 것이다. 우정은 삶과 죽음에 얽힌 모든 관계와 여정을 통하여 도움과 위안을 얻기 위한 것이다. 우정은 평온한 날과 우아한 선물, 호젓한 시골길 산책과도 잘 어울리지만, 험난한 길과 어려운 여정, 파멸, 가난, 폭압과도 잘 어울린다. 우정은 재치 있는 입담과 종교적인 신념으로 친구를 지켜준다. 우리는 인생에 필요한 일상적인 도움과 책무로 서로를 존귀하게 대하고, 용기와 지혜, 일관성으로 우정을 장식해야 한다. 우정은 결코 흔하게 고정되어 있는 무언가에 빠져들어서는 안 되며, 민첩하고 독창적이어서 고된 일상에 리듬과 살아갈 이유를 더해주어야 한다.

우정에는 대단히 희귀하고 값진 성품이 요구되며, 각자에 맞게 잘 다듬어지고 지극히 행복하게 적용되어야 할 뿐만 아니라 상황 또한 잘 맞아 떨어져야 하므로, (어느 시인이 말하기를, 특히 그런 상황이기 때문에 더더욱 사랑은 두 사람이 서로 완벽하게 짝을 이루기를 요구한다.) 우정에서 확실한 만족을 얻기란 거의 불가능하다고 말할 수 있을 것이다. 마음이 따뜻해지는 이 교감을 익히 배운 사람들 가운데 더러는 둘 이상의 사람들 사이에선 완벽한 우정이 존재할 수 없다고들 말하기도 한다. 나는 다른 사람들처럼 엄청 고상한 교우관계를 잘 알지 못하기 때문에, 그토록 단호하게 말하지는 못하겠다. 나는 신을 닮은 남녀의 집단이 서로 다양하게 관계를 맺고 그 사람들 사이에는 숭고한 지성이 존재한다는 상상을 더 즐기는 편이다. 그러나 우정의 실천이자 완성인 대화의 경우엔 일대일의 법칙이 필수적임을 나도 인정한다. 물은 너무 많이 섞이면 곤란하다. 최고의 혼합은 좋고 나쁨을 섞어놓은 것만큼이나 불쾌하다. 여러 사람과 여러 번에 걸쳐 둘씩 만난다면 매우 유익하고 활기찬 대화를 나눌 수 있겠지만, 세 사람이 한꺼번에 모이면 참신하고 진솔한 이야기는 단 한 마디도 나눌 수 없을 것이다. 두 사람은 대화를 나누고 한 사람은 듣는 것도 가능하겠으나, 세 사람이 전부 몹시 진지하고 맹렬한 대화에 참여하지는 못할 것이다. 편한 사람들 속에서도 단둘이 따로 오붓하게 이야기를 나누는 것처럼, 테이블 너머로 두 사람 사이에 대화가 오가는 것은 절대 불가능하다. 여러 사람들이 모여 있으면 각 개인의 자기중심적인 성향이 사회적인 인물로 바뀌면서 그곳에 함께 있는 여러 사람들의 인식과 똑같은 생각을 나누게 된다. 그런 모임에서 친구끼리 서로 편을 들어주거나 형제자매에게, 혹은 아내가 남편에게 애정을 드러내는 것은 적절하지 않을 뿐만 아니라 오히려 해서는 안 될 행동이다. 그럴 때는 자기 자신만의 생각을 어설프게 고집할 것이 아니라, 그 집단의 공통적인 생각에 맞게 대화를 이어나가는 것이 좋다. 하지만 분별력을 요하는 작금의 이런 관습은 두 사람의 영혼이 하나가 되는 절대적인 열의가 필요한 위대한 대화를 나눌 자유를 허락하지 않는다.

서로에게 집중할 수 있도록 오붓하게 남겨진 두 사람은 아무래도 더욱 순수한 관계로 발전할 수밖에 없다. 그러나 둘 사이의 대화를 이어갈 것인지 그 결정은 친밀감에 달려 있다. 연결 지점이 없는 사람들은 서로에게 거의 즐거움을 느끼지 못하며, 서로의 잠재력을 결코 짐작하지 못할 것이다. 때로 우리는 대화를 위한 위대한 재능이 마치 일부 개인들만 영원히 소유한 자산인 것처럼 이야기한다. 대화는 잠깐 머물다 사라지는 덧없는 관계일 뿐, 그 이상은 되지 못한다. 사상과 달변으로 명성이 높은 사람도 자기 사촌이나 숙부와는 한 마디도 이야기를 나누지 못하는 경우가 있다. 사람들은 그늘에 놓인 해시계의 무의미함을 비난하는 것과 똑같은 이유로 그의 침묵을 나무란다. 햇빛 아래 놓인 해시계는 시간을 알려줄 것이다. 마찬가지로 그의 사상을 향유하는 사람들 속에서는 그도 말문이 다시 트일 것이다.

우정에는 유사성과 차이점 사이의 흔치 않은 중용이 요구되며, 상대방에게 권력의 존재를 느끼거나 의견일치 여부에 따라 서로 불쾌감이 생겨난다. 친구가 진심 어린 연민을 넘어서는 말이나 표정으로 간섭하는 것을 견디느니, 나는 차라리 세상 끝나는 날까지 홀로 살겠다. 내겐 적대감이나 맹종도 똑같이 불쾌할 것이다. 친구라면 단 한순간도 자신의 본 모습을 잃어서는 안 된다. 그가 내 사람이 되어 내가 누리는 유일한 기쁨은 내 것이 아닌 존재가 내 사람이라는 사실뿐이다. 사내답게 밀어붙여주기를 기대하고 있다거나, 최소한 용기 있는 반발을 예상하고 있을 때 맥 빠지게 양보를 받는 건 끔찍한 일이다. 친구에게는 메아리가 되어주느니 옆구리를 찌르는 쐐기풀이 되어주는 편이 더 낫다. 고귀한 우정에 필요한 조건은 조건 없이 행동하는 능력이다. 그토록 드높은 수준의 우정이 되려면 엄청나게 숭고한 역할이 요구된다. 진정 하나가 될 수 있으려면 그 전에 반드시 온전한 둘이 존재해야 한다. 서로 다른 차이점을 넘어 둘을 하나로 묶어줄 심오한 정체성을 아직 알아보기 이전까지는, 거대하고 무시무시한 두 개의 본성이 부딪쳐 서로 바라보고 서로 두려워하는 과정을 거쳐야 한다.

이와 같은 친목 관계는 만남은 마음이 너그러운 사람, 위대함과 선량함을 항상 신의 섭리로 여기는 사람, 운명의 흐름에 따라 약삭빠르게 처신하지 않는 사람에게만 어울린다. 그런 사람은 우정을 고민할 필요가 없다. 다이아몬드는 오랜 세월을 묵묵히 기다려 생겨날 뿐, 영원한 보석의 탄생을 재촉하려고 하지 않는다. 우정은 종교를 대하듯 다뤄야 한다. 우리는 친구를 선택한다고 이야기하지만, 친구는 자체적으로 결정된다. 존경심은 우정의 중요한 일부분이다. 멋진 풍경을 대하듯 친구를 대하라. 물론 친구에게는 당신이 갖고 있지 못한 장점이 있을 테고, 비록 그를 곁에 가까이 두고 싶은 욕구는 있다 해도 존경할 수 없는 부분도 있을 것이다. 그럴 땐 옆으로 한 걸음 물러나 친구의 장점이 발휘될 여유를 주자. 친구의 장점이 점점 커지고 확장되도록 하자. 당신이 친구로 삼으려는 대상은 친구의 단추인가, 아니면 친구의 사상인가? 위대한 사상을 지닌 사람에게도 그는 여전히 수천 가지 사소한 면에서는 낯설겠지만, 가장 신성한 영역에서 가까이 다가올 지도 모를 일이다. 가장 고귀한 우정의 혜택을 추구하는 것이 아니라, 친구를 재산으로 여기고 단편적이고 혼란스러운 쾌락만을 찾으려는 태도는 어린 소년소녀에게나 어울리는 것이다.

우리 모두 긴 시련을 대가로 지불하고 이 황홀한 우정의 세계로 진입하도록 하자. 그런데 우리는 왜 고귀하고 아름다운 영혼을 지닌 사람들에게 다가가 친분을 강요하며 그들을 괴롭히는 것일까? 조급하게 친구와 사적인 관계를 맺으려는 이유는 무엇인가? 왜 친구의 집으로 찾아가거나, 그의 어머니와 형제자매와도 알고 지내려 하는가? 친구를 당신의 집으로도 초대하는 이유는 무엇인가? 이 모든 것들이 우정의 서약에 필요한 재료일까? 이 같은 접촉과 집착은 벗어나자. 내게 친구의 존재는 영혼으로 다가와야 한다. 내가 친구에게 바라는 것은 교훈, 생각, 진심, 눈빛이겠으나, 뉴스를 전해 듣거나 수프 한 그릇을 얻어먹고 싶진 않다. 더 얄팍한 교우관계에선 정치와 잡담, 이웃사촌 같은 편의를 얻어낼 수 있을 것이다. 친구와 맺는 교우관계는 자연 그 자체만큼이나 시적이고 순수하며 보편적이고 위대해야하지 않을까? 지평선을 뒤덮은 구름이나 개울을 가르고 솟아나 물결에 흔들리는 수초와 비교할 때 우리 관계는 꼭 세속적이어야 하는가? 우정의 관계도 깎아 내리지 말고 높은 수준에 맞추면 좋겠다. 친구가 지닌 위대한 도전적 시각, 그의 그리고 태도와 행동에서 드러나는 짓궂은 매력은 우리를 움츠러들게 하는 자만이 아니라 우리의 기운을 북돋아 더욱 강하게 만들어 준다. 친구의 탁월함을 흠모하라. 생각으로라도 그를 깎아내리려 하지 말고 친구의 장점을 모두 모아 칭찬하라. 그대의 맞수인 것처럼 친구를 보호하라. 그대에게 친구는 영원히 길들일 수도 없고 온 마음을 다해 존중해야하는 일종의 아름다운 적이 되게 하라. 친구는 곧 흥미를 잃고 내다버려도 좋을 하찮은 소모품이 아니다. 오팔의 빛깔이나 다이아몬드의 광채는 너무 가까이 다가가면 눈에 보이지 않는다. 나는 친구에게 편지를 쓰고 친구가 보낸 편지를 받는다. 그것이 여러분에게는 별것 아닌 것으로 보일 것이다. 하지만 나는 그것으로 충분하다. 편지는 친구가 내게 선사할 가치가 있고, 또 내가 귀하게 받을 만한 영적인 선물이다. 친구의 편지는 누구에게도 해가 되지 않는다. 우정을 담은 편지의 따스한 문장 속에서, 말로는 전달되지 않는 믿음을 스스로 얻은 마음은 이제껏 기록된 영웅의 모든 연대기보다 더 경건한 존재의 예언을 쏟아낼 것이다.

그러니 우정의 성스러운 법칙을 존중하여, 성급하게 꽃이 피어나기를 바라는 욕심으로 완벽한 꽃에 대한 편견을 품지 말라. 우리는 타인을 위한 사람이 되기 전에 자기 자신을 위한 사람이 되어야 한다. 라틴어 속담 Crimen quos inquinat, aequat*에 따르면, 범죄에도 한 가지 최소한의 만족은 있으니, 공범에게는 공평한 조건으로 말을 할 수 있다는 것이다. 우리가 존경하고 사랑하는 사람들을 대할 때, 처음

---

* Crime puts on an equal footing those whom it defiles: '범죄는 저지르는 사람들을 공평하게 만든다'는 뜻.

엔 그것이 불가능하다. 그러나 내 의견으로는 자신에 대한 침착성을 조금이라도 잃으면 전체 관계가 어그러진다. 대화를 나누며 두 사람이 각각 온 세상을 대표하듯 자신감을 갖지 않는 한, 두 영혼 사이의 심오한 평화와 상호 존중은 절대 불가능하다.

우정과 같이 위대한 것을 지키려면 가능한 한 숭고한 정신 상태를 유지해야 한다. 신들의 속삭임을 들을 수 있을지도 모르니, 우리는 침묵을 지키자. 훼방꾼은 되지 말자. 선택받은 영혼들에게 우리는 무슨 말을 해야 하는지, 혹은 그런 사람들에게는 어떻게 말을 해야 하는지에 관해서 결정을 내리는 사람은 누구인가? 제 아무리 독창적이어도 상관없고, 제 아무리 기품 있고 상냥한 말이어도 상관없다. 어리석음과 현명함의 수준은 셀 수 없이 다양하므로, 당신이 무슨 말을 하든 경박하게 들린다. 묵묵히 기다리면, 그대의 마음이 말을 해줄 것이다. 필연적이고 영원한 것이 당신을 압도할 때까지, 낮과 밤이 저절로 당신의 입술을 움직이게 할 때까지 기다려야 한다. 미덕의 유일한 보상은 미덕이며, 친구를 얻는 유일한 방법은 스스로 친구가 되는 것이다. 어떤 사람의 집에 들어간다고 해서 사이가 가까워지진 않을 것이다. 만일 두 사람이 서로 많이 다르다면, 그의 영혼은 당신을 피해 더욱 빨리 달아날 테고, 당신은 결코 그의 진심 어린 시선을 붙잡지 못할 것이다. 우리는 신분이 높은 사람들을 뜨악하게 바라보고, 그들은 우리를 불쾌하게 여기는데 굳이 우리가 끼어들 이유가 무엇인가? 최근, 아주 최근 들어서 비로소 우리가 깨달은 것은, 만남의 절차나 소개 방식, 관례, 습관은 우리가 바라는 방식대로 우정 관계를 확립하는데 아무런 소용이 없으며, 오로지 우리 내면에서 깨어난 본성이 다른 사람의 마음과 같은 수준에 도달해야 우정이 가능하다는 점이다. 그제야 우리는 물과 물이 만나듯 벗과 만나게 될 것이며, 혹시 본성이 깨어난 후에도 굳이 벗과 만나지 않는다면 우리가 그들을 원치 않는 까닭일 것이다. 이미 우리가 그들이기 때문이다. 결론적으로 사랑은 인간이 다른 사람들에게 비치는 자기 자신의 가치를 반영한 것에 불과하다. 사람들은 마치 친구들과의 관계에서 각자 자신의 영혼을 사랑하고 있음을 의미하듯, 가끔씩 친구와 이름을 교환해왔다.

물론 우리가 우정에 요구하는 유형의 수준이 높으면 높을수록, 육신을 가진 인간과 그런 관계를 맺는 것은 쉽지 않다. 우리는 세상에서 홀로 걸어간다. 우리가 바라는 그대로의 친구는 꿈이자 동화다. 그러나 숭고한 희망은 성실한 마음을 언제나 응원하며, 보편적인 힘이 작용하는 또 다른 영역에서는 우리를 사랑할 수 있고 우리가 사랑할 수 있는 영혼들이 비로소 행동하고 인내하며 과감한 도전을 실행하고 있다. 홀로 있을 때나 우리가 완성된 인간일 때는 유치함과 어리석음, 실수, 굴욕의 시대가 지나갔음을 스스로 축하할 수 있을 테고, 영웅적인 손길로 영웅의 손을 잡으려 할 것이다. 우리가 이미 알고 있는 것에 대해서만 꾸짖음을 들어야 하며, 우정이 존재할 리 없는 천박한 사람들과의 우정과 결탁해서는 안 된다. 우리는 조바심 때문에 신의 가호를 받지 못하는 경솔하고 어리석은 만남에 뛰어든다. 자신의 길을 고집한다면 하찮은 인간은 잃더라도 위대한 벗을 얻게 될 것이다. 스스로를 드러내고, 거짓된 관계의 손아귀에서 벗어나기 위하여 노력하면 우리는 세상에 먼저 태어난 존재에게, 사실상 동시에 세상을 떠도는 이는 한두 명 밖에 없으며 그들 앞에서는 세속적인 위대함이 그저 망령과 그림자에 불과한 귀한 순례자들에게 이끌리게 될 것이다.

　영혼을 중시하는 만남에선 순수한 애정을 잃을 것이라고 여기며 지나치게 영적(靈的)인 관계 맺는 것을 두려워한다면 어리석은 일이다. 통찰력 덕분에 우리의 세속적인 시각이 얼마나 교정되든 본성은 반드시 우리의 본 모습을 지켜줄 것이며, 비록 그 과정에서 어느 정도 기쁨을 빼앗긴다 하더라도 결국엔 더 큰 보상을 해줄 것이다. 부디 인간과 완벽하게 단절된 느낌을 누려보자. 인간의 내면엔 모든 것이 갖추어져 있다고 우리는 확신한다. 우리가 유럽엘 가거나 사람들과의 만남을 추구하거나 책을 읽는 것은, 그런 행동이 내면을 일깨워 자신에게 우리의 본 모습을 드러내줄 것이라는 본능적인 믿음 때문이다. 모두 한심한 노릇이다. 사람들은 우리와 똑같은 인간일 뿐이고, 유럽은 망자에게 입혀놓은 빛바랜 수의에 불과하며, 책은 그들의 유령이다. 이러한 우상 숭배는 그만 두자. 이처럼 구걸하는 태도는 벗어나도록 하자. 가장 소중한 친구들에게 작별을 고하고, "당신은 누구인가? 내 손을 놓아주시오. 나는 더 이상 의존적으로 살지 않겠소."라고 말하며 그들을 거부하자. 오 형제여, 우리가 이별하는 것은 오로지 더 높은 영역에서 다시 만나기 위함이며, 우리가 좀 더 자신의 본 모습을 지켜야만 서로에게 더 진실한 사람이 되기 때문임을 그대는 알지 못하는가? 친구는 야누스처럼 두 얼굴을 지녔기에, 과거와 미래를 동시에 바라본다. 친구는 과거 내가 흘려보낸 모든 시간이 낳은 아이이며, 앞으로 다가올 미래의 예언자이자 더욱 위대한 친구의 전조(前兆)이다.

　그래서 나는 친구를 책 다루듯이 대한다. 쉽게 손닿을 수 있는 곳에 두긴 하되, 그들을 이용하는 일은 좀체 없다. 교우관계는 자신만의 조건으로 유지해야 하며, 아주 사소한 조건으로도 친구를 인정하거나 배제하는 이유가 되어야 한다. 나는 친구와 많은 대화를 나누지 못한다. 위대한 친구는 나까지 너무도 위대한 사람으로 만들어주기 때문에 현실적인 대화에 빠져들지 못한다. 행복한 날에는 눈앞의 허공에 예감이 떠오른다. 그러면 나는 그 예감에 전념해야 한다. 내가 내면을 들여다보는 것도 영감을 붙잡기 위함이고, 밖으로 나가는 것도 영감을 붙잡기 위함이다. 다만 내가 유일하게 두려워하는 것은 어느새 찬란한 빛의 조각에 지나지 않는 그 예감이 하늘 속으로 사라져 영영 잃어버리는 것이다. 그렇게 되면 내가 아무리 친구를 소중히 여긴다 해도, 나만의 시각을 잃어버리지 않고서는 친구들과 이야기를 나누거나 그들의 견해를 탐구할 수가 없을 것이다. 이와 같은 고귀한 탐색이나 영혼의 천문학, 별에 대한 연구를 중단하고 지상으로 내려와 친구인 그대와 따뜻한 공감을 나눈다면 분명 소박한 기쁨을 누릴 것임은 틀림이 없겠지만, 그렇게 되면 우리의 전능하신 신들이 사라져버렸음을 늘 한탄할 것이란 사실도 잘 알고 있다. 물론 다음 주쯤이면 마음이 누그러져 다른 일을 생각할 여유가 충분히 생길 테고, 그러면 그대의 마음이 담긴 문학을 잃어버린 것을 후회하며 다시 벗인 그대가 내 곁에 있기를 소망할 것이다. 그러나 그대가 찾아온다 해도, 그대는 있는 그대로의 자신이 아니라 그대의 영광으로, 새로운 견해로만 내 마음을 채우려 할 것이기에, 이제 더는 내가 그대와 진솔한 대화를 나누지 못하게 될 것이다. 그리하여 나는 나의 벗들에게 이렇듯 사라져버린 우정에 대한 빚을 지게 될 것이다. 내가 친구들에게 받는 것은 그들이 소유한 것이 아니라 그들의 존재일 것이다. 그들은 내게 정당하게 내어줄 수 있는 것이 아니라 저절로 뿜어져 나오는 것을 줄 수밖에 없을 것이다. 그러나 그렇다고 해서 그들과 나를 묶어주는 관계가 덜 미묘하고 순수할 리는 없다. 우리는 만나지 않았던 것처럼 만나고, 헤어지지 않았던 것처럼 헤어질 것이다.

최근 들어 내가 생각했던 것과 달리, 상대 쪽에서는 적절한 대응이 없더라도 한쪽에서 깊은 우정을 유지하는 것이 충분히 가능함을 알게 되었다. 우정을 받아들이는 사람의 마음이 넓지 않다고 해서 내가 애석해할 이유가 있을까? 햇빛이 넓게 퍼져 쓸모없는 우주 공간으로 헛되이 향하고, 극히 일부분만 행성에 반사된다고 해도 태양은 결코 아랑곳하지 않는다. 그렇듯이 그대도 위대함의 발산으로 거칠고 냉담한 그대의 벗에게 가르침을 전하자. 그것을 감당하지 못할 사람이라면 당장 떠나가 버리겠지만, 그대는 스스로의 광채로 더욱 큰 사람이 되어 더 이상 개구리나 벌레와 어울리는 사람이 아니라 천상의 신들과 함께 하늘로 솟아올라 빛을 뿜는 이가 될 것이다. 보답 없는 짝사랑은 흔히 수치로 여겨진다. 그러나 위대한 사람들은 진정한 사랑이 보답 없는 짝사랑이 될 수는 없음을 알 것이다. 진정한 사랑은 어울리지 않는 상대도 초월하며, 영원함에 관하여 깊이 고민하고, 혹시 부족한 상대가 쓰고 있던 가면이 벗겨진다 해도 슬퍼하는 대신 오히려 너무도 많은 장애물이 제거되었다고 느끼며 진정한 사랑이 더욱 확고한 독립을 이루었다고 여긴다. 하지만 이런 말을 솔직히 털어놓는다면 교우 관계를 위험에 빠뜨리는 일종의 배신행위가 될 수도 있을 것이다. 우정의 핵심은 온전함과 드넓은 아량, 믿음이다. 결함을 미리 예측하고 대비해서는 안 된다. 우정은 상대를 신처럼 대해야 양쪽 모두 소중한 존재가 될 수 있을 것이다.

하버드대학교
신학대학원 강연

1838년 7월 15일 케임브리지
하버드대학교 신학대학원
졸업생들을 위한 강연

찬란한 이 여름, 생명력 가득한 숨을 들이마시는 것은 호사가 아닐
수 없습니다. 풀은 자라나고 꽃망울은 터지고 초원에는 꽃들이 피어
나는 곳마다 불꽃과 황금빛이 일렁거립니다. 하늘에는 새들이 가득
날아다니고, 소나무와 길레아드발삼나무와 갓 말린 건초에서 피어오
른 달콤한 향기가 떠다닙니다. 반가운 어스름과 함께 찾아오는 저녁
은 우리 마음에 우울을 드리우지 않습니다. 투명한 어둠 속에서 반짝
이는 별들은 거의 영성의 빛줄기를 쏟아 붓습니다. 그 별빛 아래서 인
간은 어린 아이 같고 거대한 지구는 장난감처럼 보입니다. 서늘한 밤
은 마치 강물처럼 세상을 목욕시켜, 세상의 눈이 다시 진홍빛 새벽을
맞이할 수 있도록 준비시킵니다. 자연의 신비로움이 이보다 더 행복
하게 펼쳐진 적은 결코 없습니다. 옥수수와 포도주는 모든 생물에게

넉넉히 분배되었고, 오랜 세월 선심을 베풀어 단 한 번도 깨진 적 없는 대자연의 침묵은 이제껏 한 마디 설명도 없었습니다. 우리는 이 세상의 완벽함을 존중할 수밖에 없으며, 그 완벽함 안에서 우리의 감각은 서로 대화를 나눕니다. 인간의 모든 자질에서부터 모든 능력에 이르기까지, 자연이 우리를 향해 내민 초청장은 얼마나 광범위하고 풍요로운지 모릅니다! 풍성한 결실을 안겨주는 땅에서도, 항해를 위해 펼쳐진 바다에서도, 광석과 돌을 품은 산과 나무가 울창한 숲에서도, 여러 동물과 화학성분에서도, 빛과 열기와 인력과 생명에서 느껴지는 힘과 그 길에서도, 위대한 인간들이 벅찬 감동을 억누르고 그 자연을 즐기려는 마음의 고갱이는 충분한 가치를 지닙니다.

세계를 개척하고 누리기 위해 위대한 인간들이 바친 척수와 심장은 결코 헛되지 않습니다. 역사는 농부, 기술자, 발명가, 천문학자, 도시의 건축가, 배의 선장에게 기꺼이 경의를 표합니다. 그러나 마음을 열고서 우주를 관통하여 세상 만물을 존재하게 만드는 법칙이 드러나는 순간, 위대한 이 세상은 금세 위축되어 인간의 마음이 만들어낸 삽화와 우화에 지나지 않게 됩니다. 새로이 불붙은 호기심으로 인간의 정신은 '나는 무엇인가? 무엇이 존재하는가?'라는 질문을 던지지만, 그 호기심의 불길은 결코 꺼지지 않습니다. 우리 인간의 불완전한 이해력으로는 이리저리 움직이는 방향만 확인할 뿐, 완전히 파악할 수조차 없을 만큼 저 멀리 앞서 달려가고 있는 자연의 법칙을 보십시오. 너무 닮아 보이기도 하고 너무 달라 보이기도 하며, 무수히 많지만 결국 하나로 귀결되는 저들의 무한한 관계를 살펴보십시오. 세상 만물의 존재 법칙과 관계는 연구를 해보아야 알게 되고, 알게 되면 영원히 감탄을 이어갈 것입니다. 이러한 생각의 행위는 시대를 초월하여 늘 인간 정신이 누려온 오락거리였습니다.

마음과 정신을 활짝 열고서 미덕의 정서를 대하는 사람에게는 좀 더 비밀스럽고, 다정다감하며 압도적인 아름다움이 모습을 드러냅니다. 그러면 인간은 자신보다 더 높은 곳에 대한 깨달음을 얻습니다. 그는 자신의 존재가 무한하며, 지금은 비록 악함과 나약함에 젖은 미천한 사람이지만 본래는 선하고 완벽하게 태어났음을 알게 됩니다. 비록 아직 깨닫지는 못하고 있더라도, 그가 동경하는 것은 여전히 그의 내면에 들어 있습니다. 인간이라면 반드시 깨달아야 합니다. 분석하려고 들면 그 실체를 제대로 설명하지 못하겠지만, 인간은 위대한 그 말의 의미를 알고 있습니다. 순수한 마음이나 지적인 인식에 좌우되면 인간은 다음과 같은 말을 하기에 이릅니다. "저는 옳은 것을 사랑합니다. 진실은 언제 어디서나 영원히 아름답습니다. 미덕이여, 저는 당신의 것입니다. 저를 구해주십시오. 저를 써먹으십시오. 밤이든 낮이든, 큰일이든 작은 일이든 저는 당신을 위해 봉사하겠습니다. 비록 제가 고결한 존재는 아니더라도 쓸모는 있을 것입니다." 그러면 인간을 창조한 목적이 달성되고 하느님께서는 크게 기뻐하실 것입니다.

미덕의 정서란 특정한 신의 계율이 존재한다고 생각하며 느끼는 경외심과 기쁨입니다. 우리는 미덕의 정서 덕분에 언뜻 보기에 어리석어 보이는 사소한 일들로 가득한 우리의 소박한 인생 게임이 사실 깜짝 놀랄만한 원칙에 따라 펼쳐진 것임을 깨닫습니다. 아이가 장식용 방울을 가지고 놀면서 빛, 운동, 중력, 근육의 힘이 작용하는 법을 배우듯이, 인간의 인생 게임에선 사랑, 두려움, 정의, 욕구, 인간, 신이 상호작용을 합니다. 신의 계율을 제대로 설명하는 것은 불가능합니다. 종이에 적을 수도 없고, 말로 표현할 수도 없습니다. 끈질기게 생각을 해보아도 통 손에 잡히진 않지만, 우리는 각자 서로의 얼굴에서, 서로의 행동에서, 자신만의 회한에서 수시로 그러한 삶의 원칙들을 발견합니다. 고결한 모든 행동과 생각 속에 한 덩어리로 뭉쳐 있는 도덕적 자질을 말로 설명하려면 수많은 특징을 일일이 나열하여 묘사하거나 제시해야 합니다. 그러나 이러한 미덕의 정서는 모든 종교의 정수이므로, 그 요소가 명확히 드러나는 사실을 일부 예로 들어 나열하며 여러분의 시선이 그러한 정서의 정확한 목적을 향하도록 인도하고자 합니다.

도덕적 정서에 대한 직관은 곧 영혼의 법칙이 완벽하다는 것에 대한 통찰력입니다. 영혼의 법칙은 저절로 실행됩니다. 시간과 공간을 초월하고 상황 여건에도 휘둘리지 않습니다. 그러므로 정의를 품은 인간의 영혼 속에서 벌어지는 심판은 즉각적이고 완전합니다. 선한 행동을 하는 사람은 즉각 고결한 사람이 됩니다. 비열한 행동을 하는 사람은 그 행동 자체로 위축됩니다. 불순함을 벗어던지면, 바로 그 행동 덕분에 순수함을 입게 됩니다. 진심으로 정의로운 사람은 그 범위 안에서만큼은 그가 곧 신이며, 신의 안온함과 신의 불멸성과 신의 존엄이 정의로움과 함께 그 사람의 내면으로 들어갑니다. 가식적이고 위선적인 인간은 자신을 속이느라 자신만의 존재를 제대로 파악하지 못합니다. 절대적인 선에 대한 견해를 지닌 인간은 지극히 겸손한 태도로 경배하는 마음을 지닙니다. 한 걸음 아래로 내딛는 것은 곧 한 걸음 위로 올라가는 것입니다. 자신을 버리는 사람은 자신을 찾게 됩니다.

빠르고 본질적인 이 에너지가 잘못을 바로잡고, 겉모습을 수정하고, 사실이 생각과 조화를 이루도록 조절하면서, 어떻게 모든 곳에서 작용하고 있는지 주변을 잘 둘러보십시오. 우리의 감각으론 느리다고 여겨지겠지만 결국 인생에서 벌어지는 이 에너지의 작용은 영혼에서 벌어지는 판단만큼이나 확실합니다. 그 에너지에 덕분에 인간은 자신의 선행에 선을 더하고, 죄악에는 악을 더하면서 혼자서 신의 섭리를 만들어갑니다. 인성은 항상 드러납니다. 도둑질로는 절대 부자가 될 수 없고, 자선을 베풀어서 가난해지는 일은 절대 없으며, 살인을 저지르면 돌담이 그 죄를 외칩니다. 최소한의 거짓이라도 섞이면, 예를 들어 허영심을 살짝 품거나 좋은 인상과 호감 있는 겉모습을 꾸미려는 아주 사소한 시도로도 즉각 결과에 악영향을 미칩니다. 하지만 진실을 말하면, 세상 만물과 모든 영혼이 여러분을 도와 뜻밖의 발전을 이루게 해줄 것입니다. 진실을 말하면 살아 있는 모든 것들이나 짐승들마저 선물을 안겨주고, 땅속에 박힌 풀뿌리도 꿈틀거리고 일어나 여러분의 진실에 증인이 되어줄 것입니다. 애정에도 적용이 되며, 사회의 규범으로 자리 잡은 이 삶의 법칙의 완벽함을 다시 한 번 들여다보십시오. 우리는 있는 그대로의 모습으로 사람들과 어울립니다. 유유상종이라 선한 사람들은 선한 사람을 찾고, 악한 자들은 악한 자를 찾습니다. 마찬가지로 인간의 영혼은 자신의 자유 의지에 따라서 천국에 들어가기도 하고 지옥에 빠지기도 합니다.

이러한 사실들은 언제나 인간의 마음에 숭고한 신념을 불어넣으며, 세상은 수많은 힘이 만들어낸 산물이 아니라 하나의 의지, 하나의 마음이 만들어낸 것이라는 것, 그리고 그 하나의 마음은 별빛 하나하나, 물웅덩이에 이는 잔물결 하나에까지 모든 곳에서 힘을 발휘하고 있으며, 그 의지에 반하는 것은 무엇이든 어디서든 길이 막혀 당황하게 될 것임을 알려주었습니다. 세상 만물이 그렇게 돌아가도록 만들어졌기 때문입니다. 선(善)은 긍정적입니다. 악(惡)은 열이 결핍된 냉기와 마찬가지로 단지 결핍일 뿐 절대적이지 않습니다. 모든 악은 죽음이나 부재(不在)와 다름없습니다. 선의는 절대적이며 실재(實在)합니다. 인간은 선의를 많이 가지면 가질수록 풍요로운 삶을 누립니다. 파도가 밀려가 닿는 수많은 해안에 따라서 바다에 각기 다른 이름을 붙이듯이, 세상 만물은 똑같은 그 정신에서 비롯되지만 각기 다른 용도에 따라서 사랑, 정의, 절제 같은 이름으로 불립니다. 세상 모든 만물은 똑같은 정신에서 비롯되어 퍼져나가며, 그 정신과 어울려 서로 조화를 이룹니다. 선한 목적을 추구하는 동안 인간은 자연의 온전한 힘을 받아 강력해집니다. 그러나 선한 목적에서 벗어나 방황하면 스스로도 힘을 잃고 도움을 빼앗깁니다. 그의 존재는 머나먼 모든 물길에서 벗어나 쪼그라들면서 점점 작아져 티끌 한 점, 하나의 점이 되었다가 급기야 절대적인 악은 절대적인 죽음에 이르고 맙니다.

이처럼 가장 중요한 삶의 법칙을 인식하면 우리가 종교적인 정서라고 부르는 정서가 마음에서 깨어나 최고의 행복을 누리게 됩니다. 우리를 매혹하고 이끌어주는 그 정서의 힘은 경이롭습니다. 그것은 산속의 공기와도 같습니다. 그것은 세상을 지켜주는 방부제입니다. 그것은 신비한 몰약이자 향기로운 진액이며 물과 공기를 정화해주는 요소이자 로즈마리*입니다. 하늘과 언덕을 숭고하게 만드는 것도 바로 그것이며, 고요한 별들의 노래도 그 덕분입니다. 우주가 안전하고 살만한 곳이 된 것 역시 과학이나 권력 때문이 아니라 바로 그 정서의 힘 덕분입니다. 사물에 대한 생각은 냉정하고 자의적으로 작용할지도 모르지만 아무런 목적이나 통합성을 찾을 순 없습니다. 그러나 마음속에서 미덕의 정서가 깨어나면 그 법칙이 모든 자연을 다스린다는 확신을 안겨주며, 세계와 시간, 공간, 영원함이 모두 희열로 샘솟는 듯합니다.

미덕의 정서는 신성하고 고귀합니다. 그것은 인간의 지대한 행복

---

*살균, 소독, 방충, 진통 작용이 있는 허브의 일종.

입니다. 그것은 인간을 무한한 존재로 만듭니다. 미덕의 정서를 통해 영혼은 처음으로 자신을 알게 됩니다. 위대한 인물을 추종함여 위대함을 추구하고, 타인들로부터 이득을 취하고자 하는 미숙한 인간에게, 모든 선함의 원천은 자기 자신에게 있으며 다른 모든 인간과 똑같이 본인 역시 이성의 깊은 심연으로 통하는 입구임을 일깨워줌으로써 미덕의 정서는 인간의 중대한 실수를 바로잡아줍니다. "내가 꼭 해야 하는 일이다"라고 말할 때, 사랑의 온기를 느낄 때, 높은 곳에서 전해진 경고를 받아들여 선하고 위대한 행동을 선택할 때, 하느님의 지혜가 담긴 심오한 선율이 인간의 영혼을 어루만져줍니다. 그러면 인간은 신을 찬양할 수 있으며 그 신앙심 덕분에 삶이 더욱 확장됩니다. 그 정서를 모르던 시절로는 결코 되돌아갈 수 없기 때문입니다. 가장 숭고한 영혼의 도약 속에서 정직함은 절대 흔들리지 않으며, 사랑은 결코 메마르지 않습니다.

이러한 미덕의 정서는 사회의 터전을 이루며 온갖 형태의 신앙을 성공적으로 만들어냅니다. 존경의 원칙은 절대 사라지지 않습니다. 미신이나 육욕에 빠져있는 인간도 도덕적 정서에 대한 환상을 품지 않는 경우는 결코 없습니다. 마찬가지로 도덕적 정서의 모든 표현은 그 순수함에 비례하여 그 크기만큼 신성하고 영구적입니다. 이러한 미덕의 정서를 표현하는 것은 다른 모든 창작품보다도 더 큰 영향을 우리에게 미칩니다. 그 신성한 정서를 담아내고 있기만 하다면 까마득한 옛날에 적힌 문장도 여전히 참신하고 향기롭게 다가옵니다. 믿음이 독실하고 명상을 중시하는 동양에서는 이러한 생각이 늘 사람들의 마음 깊은 곳에 깃들어 있었으며, 가장 순수한 생각의 표현에 이르렀던 팔레스타인뿐만 아니라 이집트, 페르시아, 인도, 중국에서도 그런 경향을 보입니다. 유럽은 항상 동양의 천재성, 그들의 신성한 자극에 빚을 지고 있습니다. 온전한 정신을 지닌 사람이라면 누구든 거룩한 동양 시인들의 사상을 진실로 받아들여 왔습니다. 또한 예수 그리스도의 이름은 이 세계의 역사에 그리 깊이 새겨져 있지 않지만 온 인류에 남긴 예수의 독특한 인상은 이 같은 동양 사상의 유입이 남긴 오묘한 미덕을 가리키는 증거입니다.

한편, 성전의 문들이 밤낮을 가리지 않고 모든 인간들에게 열려 있고 그 진리의 말씀이 결코 그치는 일 없이 지속되는 동안, 미덕의 정서를 지키는 하나의 굳건한 조건은 바로 직관입니다. 직관은 간접적으로 받아들일 수 없습니다. 솔직히 말하자면, 내가 다른 인간으로부터 받아들일 수 있는 것은 가르침이 아니라 자극입니다. 다른 사람이 한 말이 진실인지 아닌지는 내 안에서 찾아야 하며, 진실이 아니라면 완전히 거부해야 합니다. 그 사람이 누구든, 그의 명에 따르거나 그를 대신해서는 아무것도 받아들일 수 없습니다. 반면에 이 근본적인 믿음이 없으면 타락이 찾아옵니다. 밀물이 있으면 썰물도 있습니다. 이 믿음을 떠나보내면, 그 믿음에서 비롯되었던 말과 생겨난 일들이 다 거짓과 상처가 됩니다. 그러면 교회, 국가, 예술, 문학, 삶이 무너집니다. 신성의 원칙은 망각되고 체제는 병에 걸려 망가집니다. 한때는 인간이 모든 것이었겠으나 이제는 일개 부속물, 골칫거리로 전락합니다. 그런데 이 세상에 내재되어 있는 하느님의 정신은 완전히 제거될 수 없기 때문에, 그 신성한 원칙은 왜곡을 견디며 한 두 사람에게 전달되어 신성을 유지하지만, 나머지 모든 사람들은 격렬하게 그것을 받아들이기를 거부합니다. 영감의 원칙은 상실되어, 다수의 목소리가 힘을 얻는 천박한 원칙이 영혼의 원칙 자리를 빼앗습니다. 기적, 예언, 시, 이상적인 삶, 경건한 삶은 단지 고대의 역사로서만 존재할 뿐입니다. 그것들은 믿음 안에서도, 사회의 염원 속에서도 존재하지 못할 뿐만 아니라, 언급하는 것조차 터무니없어 보입니다. 존재의 숭고한 목적이 시야에서 사라지자마자 삶은 웃음거리나 한심한 지경에 빠지고, 인간은 근시안이 되어 감각을 자극하는 것들만 돌아볼 수 있을 뿐입니다.

보편적이라고 말을 하는 한 이 같은 보편적인 견해에 이의를 제기하는 사람은 아무도 없을 테고, 종교의 역사, 특히 기독교 교회의 역사에서는 이 같은 견해의 실례를 무수히 찾을 수 있습니다. 우리 미국인은 모두 기독교의 영향력 안에서 태어나고 성장했습니다. 젊은 친구들이여, 여러분은 이제 그 안에 담긴 진리를 가르치려고 출발을 앞두고 있습니다. 제례나 문명화된 세계에서 확립된 신앙으로서 우리는 기독교에 대하여 지대한 역사적 관심을 품고 있습니다. 인류에게 위안을 주었던 신성한 말씀에 대해서는 제가 여러분에게 굳어 언급할 필요도 없을 것입니다. 그러나 이 자리를 빌어, 방금 지적했던 관점에서 볼 때 나날이 점점 더 역겹게 변해가고 있는 교회 운영의 두 가지 오류를 지적함으로써 여러분에 대한 저의 책무를 다하려고 합니다.

예수 그리스도는 진정한 예언자 부류에 속하는 분이셨습니다. 예수는 눈을 크게 뜨고 영혼의 신비를 보았습니다. 영혼의 엄격한 조화에 이끌리고 그 아름다움에 매혹된 예수께서는 그 안에서 살아가며 존재를 확인했습니다. 인류의 모든 역사를 통틀어 오직 한 사람, 예수만이 인간의 위대함을 파악했습니다. 여러분과 내 안에 들어 있는 것에 충실한 인간은 그분 단 한 사람이었습니다. 예수는 신께서 당신의 형상을 인간의 몸에 구현하셨으며, 세상을 다스리기 위하여 끊임없이 새롭게 전진하신다는 것을 알았습니다. 예수는 그 숭고한 감정의 희열 속에서 이렇게 말씀하셨습니다. "나는 신성하다. 하느님께서는 나를 통하여 행동하시고 나를 통하여 말씀하신다. 하느님을 보려거든 나를 보거나, 지금 내가 생각하는 것을 너희도 생각한다면 너희를 보라." 그러나 예수와 동시대에도, 그 다음 세대에도, 계속 이어진 시대에도 그분의 교리와 기억은 엄청난 왜곡을 겪었습니다! 인간의 이해력으로 가르침을 얻을 수 있는 이성의 교리는 존재하지 않습니다. 시인 예수의 입에서 흘러나온 이 고매한 말씀을 인간의 이해력은 다음과 같이 받아들여 후대에 옮겼습니다. "그분은 천국에서 내려오신 여호와이셨도다. 그분이 인간이라고 말한다면 내 너를 죽이리라." 예수께서 사용한 언어의 어휘와 미사여구 때문에 예수의 진실은 자리를 빼앗겼으며, 교회는 그분의 교리를 바탕으로 세워진 것이 아니라 그분 말씀의 비유법 위에 세워졌습니다. 그리하여 과거에 시로 가르침을 전파하던 그리스와 이집트처럼, 기독교도 신화가 되고 말았습니다. 예수께서 기적을 말씀하신 이유는 인간의 삶과 인간이 행동하는 모든 것이 기적이라 느꼈고, 인성이 향상되면서 매일매일 벌어지는 기적이 빛을 발한다는 것을 알고 있었기 때문입니다. 그러나 기독교 교회가 기적이라는 낱말을 언급하면 잘못된 인상이 전해져 괴물이 되고 맙니다. 그들이 사용하는 기적이라는 말엔 흩날리는 토끼풀과 쏟아지는 비가 담겨 있지 않습니다.

예수는 모세와 선지자들에게 존경심을 품었지만 그들이 최초로 전한 신의 계시를 곧장 받아들이는 일에는 매우 단호하였으며, 신의 뜻이 지금 존재하는 시간과 인간들에게 전해지도록, 그리하여 마음속에 영원한 계시로 남도록 보류하였습니다. 그렇기 때문에 예수 그리스도는 진정한 인간입니다. 예수께서 우리 안에 생겨난 법칙이 삶을 지배하는 것을 보았다면, 그렇게 휘둘리도록 내버려두지 않았을 것입니다. 예수는 용감하게 당신의 손과 마음과 삶으로 그것이 곧 신이라고 선언하였습니다. 그러므로 저는 예수 그리스도가 인간의 가치를 인정한 역사상 유일한 영혼이라고 생각합니다.

1. 이런 시각에서 볼 때 우리는 전통적 기독교의 첫 번째 결함을 아주 쉽게 인지하게 됩니다. 전통적 기독교는 종교를 전파하려는 모든

시도를 타락시키는 오류에 빠졌습니다. 지금 우리 눈에 보이는, 그리고 오랜 세월 모습을 드러냈던 전통적 기독교의 복음은 영혼의 교리가 아니라, 개인과 확신, 종교의식의 과장에 불과합니다. 전통적 기독교는 예수라는 인물에 대하여 유해한 과장을 거듭하며 존재해왔고 지금도 그 주장을 유지합니다. 영혼은 인간 개개인을 모릅니다. 영혼은 모든 인간이 우주의 최대 영역까지 확장하도록 이끌어주며, 저절로 우러나오는 사랑을 베푸는 사람 이외에도 딱히 편애를 하지 않습니다. 그러나 게으름과 두려움이 쌓여 세워진 동방 교회라는 기독교 왕국은 인간의 친구인 예수를 인간에게 해를 입히는 사람으로 만들었습니다. 한때는 존경과 사랑의 표현이었던 그의 이름이 온갖 미사여구로 치장되어 이제는 공식 직함처럼 굳어졌고, 너그러운 연민과 호감을 모두 말살해버렸습니다. 제 말이 들리는 사람이라면 누구든 유럽과 미국에서 예수 그리스도를 묘사하는 언어가 선하고 고결한 마음에 감동을 일으키는 우정과 열정의 표현이 아니라 자신들의 입맛에 맞게 형식적으로 굳어져, 마치 아시아인이나 그리스인들이 오시리스나 아폴론을 묘사하는 것처럼 반인반신의 모습으로 그려져 있음을 느낄 것입니다. 초기 기독교의 교리문답식 가르침이 갖고 있는 해로운 문제점을 그대로 받아들인다면, 기독교인의 이름표를 달지 않았다고 하더라도 정직함과 금욕조차 겉만 번드르르한 죄악에 지나지 않습니다.

본성을 받아들이는 인간으로서의 권리를 빼앗겨 이름과 장소도,

땅과 직업도 찾지 못하고, 심지어 미덕과 진실도 차단되고 독점당하는 처지가 되느니 차라리 '낡은 믿음의 품에서 길러지는 이교도'*가 되는 편이 낫습니다. 그렇게 되면 인간도 아니게 됩니다. 세상을 소유하지도 못할 것입니다. 용기를 잃고 우리 안에 내재되어 있는 불멸의 법칙에 따라 살지 못할 것이며, 하늘과 땅이 온갖 사랑스러운 모습으로 우리에게 투영하는 무한한 아름다움과 어울리며 지내지도 못하면서, 그리스도의 본성과 비교하여 인간의 본성을 경시하고 천박한 자들이 그린 예수의 초상화를 그대로 받아들이는 수밖에 없습니다.

언제나 나를 자신에게 맡기는 것이 최선입니다. '너 자신에게 복종하라'는 스토아학파의 위대한 가르침은 내 안에 있는 숭고함을 일깨워줍니다. 신이 내 안에 계심을 보여주면 나는 강해집니다. 신이 내 밖에 계심을 보여주면 나는 사마귀와 종기가 되고 맙니다. 더는 내가 존재해야할 필연적인 이유가 없어집니다. 때 이른 망각의 긴 그림자가 다가와 이미 나를 뒤덮어 나는 영원히 죽은 목숨일 것입니다.

신의 말씀을 전하는 시인들은 나의 미덕과 지성과 강인함의 친구입니다. 그들은 내 마음을 밝게 비추는 빛줄기가 나의 것이 아니라 신의 은총이며, 그들도 같은 경험을 했으되 천국에 대한 상상을 거역하지는 않았다고 나를 훈계합니다. 그래서 저는 그 시인들을 사랑합니다. 그들이 뿜어내는 고귀한 자극이 악에 저항하라고, 세상을 평정하라고, 그리고 존재하라고 저를 부추깁니다. 예수 역시 자신의 거룩한 생각에 따라 우리 인간에게 봉사할 뿐입니다. 기적을 보여 한 인간을 개종시키려고 하는 것은 영혼을 모독하는 행위입니다. 항상 그래왔듯이 지금도 과거에도 진정한 개종, 진정한 기독교인은 아름다운 정서들을 받아들임으로써 가능합니다. 예수의 영혼처럼 위대하고 풍요로운 영혼은 평범한 사람들 속에 떨어져도, 다른 영혼들보다 뛰어나기 때문에 예수가 그러하였듯이 세상의 이름을 정합니다. 평범한 사람들은 세상이 예수 그리스도 덕분에 존재한다고 생각하면서도 아직 예수의 감각에 흠뻑 빠져들지 못하였기에, 오로지 자기 자신에게, 혹은 자기 안에 깃든 신에게 다가가야 영원히 성장할 수 있다는 사실을 알지 못합니다. 나에게 뭔가를 주는 것은 이득이 적지만, 뭐라도 나 자신을 쓸모 있게 만드는 행위는 이득이 큽니다. 신께서 인간의 영혼에게 주신 선물은 교만하거나 압도적이거나 독점적인 신성이 아니라, 여러분과 제가 품고 있는 것과 같은 존재하고 성장하도록 유도하는, 여러분과 제가 가지고 있는 것과 같은 감미롭고 자연스러운 선함이며, 그 선함이 여러분과 저의 전재와 성장을 돕는다는 것을 모든 인류가 깨닫게 될 시기가 다가오고 있습니다.

통속적인 어조의 설교가 지닌 설교의 부당함은 인간의 영혼에 대한 모독일 뿐만 아니라 예수의 이름마저도 더럽히고 있습니다. 그런 설교자들은 자신들이 예수의 복음을 달갑지 않은 것으로 변질시켜,

---

• 영국의 낭만주의 시인 윌리엄 워즈워스의 시 The World is Too Much with Us의 시구 인용.

예수가 지닌 아름다움의 타래와 천국의 속성을 시키고 있으며, 예수께서 미의 타래와 하늘나라의 속성을 빼앗고 있음을 파악하지 못합니다. 에파미논다스*나 워싱턴 같은 위엄 있는 정치가들을 볼 때, 동시대인들 가운데서도 진정한 웅변가, 공정한 판사, 다정한 친구를 만날 때, 그리고 시의 선율과 시상에 감동할 때, 저는 마땅히 추구해야 할 아름다움이 무엇인지 깨닫게 됩니다. 시대를 초월하여 진정한 신을 찬양했던 시인들의 준엄한 음악은 제 귀에는 너무도 아름다울 뿐만 아니라, 인간으로서 저의 존재와 훨씬 더 완전하게 일치하는 듯 들립니다. 이제 더 이상 예수의 생애와 말씀을 이와 같은 매혹의 영역에서 떼어내어 단절시키고 특수성을 강조하며 폄하해서는 안 됩니다. 생생하고 따뜻한 인간 생애의 일부분으로, 예수께서 처했던 상황과 즐거운 나날의 일부로 그분의 삶을 받아들입시다.

2. 그리스도 정신을 보수적이고 제한적인 방식으로 해석하는 것의 두 번째 결함은 첫 번째 결함의 필연적인 결과입니다. 다시 말해 가장 중요한 법칙 중의 법칙인 도덕적 본성이 드러나야 위대함이 모습을 드러내고 열린 영혼 속으로 하느님께서 직접 깃드실 수 있지만, 현 사회에 정착된 가르침의 근간에는 그런 도덕적 본성이 탐구되지 않습니다. 마치 신은 오래 전에 죽었다는 듯이, 인간은 신의 계시를 오래 전에 받아 행동으로 옮겼다고 말하게 되었습니다. 신념의 손상은 설교자의 목을 조르며, 가장 고귀한 교리도 불확실하고 모호한 목소리

가 되고 맙니다.

내가 지닌 지식과 사랑을 다른 사람들과 나누고자 하는 바람과 욕구가 영혼의 아름다움과 대화를 나눈 결과로 생겨난다는 사실은 매우 확실합니다. 말이 금지되면, 생각은 인간에게 짐처럼 쌓입니다. 선각자는 언제나 눈으로 본 것을 말로 전하는 예언자입니다. 그의 꿈은 어떻게든 전달됩니다. 때로는 경건한 기쁨으로 공표되고, 때로는 캔버스에 연필로 그려지며, 때로는 끌로 돌에 새겨지기도 하고, 화강암으로 탑과 회랑을 지어 영혼이 숭배하는 것을 건축물에 담아내기도 하고, 때로는 모호한 음악의 찬송가로 전해지기도 하지만, 가장 명확하고 가장 영구적인 것은 말로 표현될 때입니다.

이러한 표현에 매혹된 사람은 성직자나 시인이 됩니다. 성직은 세상만큼이나 역사가 깁니다. 그러나 성직은 영적 한계라는 조건을 준수해야 합니다. 영성이 있어야만 가르칠 수 있습니다. 불경스러운 사람이나 음란한 사람, 거짓말쟁이나 노예로 사는 사람은 누구든 가르침을 전할 수 없으며, 오로지 자신이 가진 것을 나누어줄 수 있는 사람만이 가르칠 수 있습니다. 인간은 누구든 자신의 존재만큼 창조할 수 있기 때문입니다. 영혼이 대화를 나누는 사람을 통하여 인간에게 깃드는 사람만이 가르칠 수 있습니다. 용기와 신앙심, 사랑, 지혜는 가르침을 전할 수 있으므로, 이와 같은 천사에게 문을 열어줄 수 있는

• BC 4세기 고대 그리스 도시국가 테베의 정치가.

모든 인간에게는 말솜씨라는 선물이 주어집니다. 그러나 책에 쓰인 말, 종단에서 쓰는 말을 되풀이하고 유행을 좇아 이해관계를 목표로 삼는 사람은 헛소리만 지껄입니다. 그런 자는 입을 다물게 합시다.

여러분은 이 거룩한 성직에 헌신하려는 사람들입니다. 두근거리는 바람과 희망 속에서 여러분의 사명감을 느끼기를 바랍니다. 성직은 이 세상 최고의 직업입니다. 성직은 진실함의 직무이기에 그 어떤 거짓으로도 훼손될 수 없습니다. 새로운 계시에 대한 필요가 지금보다 더 절실했던 적은 없었다고 여러분에게 말씀드리는 것이 저의 의무일 것입니다. 앞서 제가 이미 밝힌 견해는 저뿐만 아니라 많은 분들께서 공감하고 있는 부분이며, 여러분도 사회가 전반적으로 부패하여 이젠 거의 믿음이 사망에 이르렀다는 서글픈 확신을 추론할 수 있을 것입니다. 인간의 영혼은 설교에 응하지 않습니다. 교회는 생명이 거의 다해 비틀거리며 넘어지고 있는 듯합니다. 이런 자리에서, 그리스도의 믿음을 전하려는 희망과 책무를 지닌 여러분에게 그리스도의 믿음이 설교로 잘 전파되고 있다고 사탕발린 소리를 한다면 그것은 범죄일 것입니다.

지금은 우리 교회의 기근 사태를 염려하는 모든 사려 깊은 사람들의 억눌린 중얼거림이, 도덕성을 갖춘 문화에서만 솟아나오는 위로, 희망, 존엄을 빼앗겼기 때문에 울고 있는 마음의 통곡 소리가 비로소 나태함의 잠을 뚫고 일상의 소음 너머로 들려야 할 때입니다. 설교자라고 하는 이 위대하고 영원한 직무는 퇴직이 없습니다. 설교란 인생의 의무에 적용되는 도덕적인 정서를 표현하는 것입니다. 인간은 무한한 영혼일 수 있도록 창조되었으며, 지상과 천국은 인간의 마음속으로 흘러들어간다고, 그리하여 인간은 신의 영혼을 영원히 들이마시고 있는 셈이라고 이야기해주는 교회와 예언자가 몇이나 되겠습니까? 아름다운 선율로 내 마음을 황홀경에 이르게 하고, 그 행복의 기원이 천국에 있음을 확인해주는 설득의 말을 이제는 어디에서 들어야합니까? 옛날처럼 아버지와 어머니, 집과 토지, 아내와 자식까지 모든 것을 버리고 따를 만큼 사람들을 사로잡던 말씀을 우리는 어디에서 들어야할까요? 감동으로 귀를 가득 채우고, 최선의 행동과 열정을 바침으로써 내가 고결해짐을 느끼게 될 만큼 너무도 심오하고 거룩한 도덕률은 어디에서 들어야할까요? 자연의 법칙이 손의 활동을 제어하듯이 진정한 믿음의 시금석은 분명 인간의 영혼을 매혹하고 다스리는 힘이어야 하며, 우리가 그 믿음에 복종하는 것에서 기쁨과 영예로움을 찾을 수 있을 만큼 압도적인 힘을 지니고 있어야 합니다. 그 믿음은 뜨고 지는 태양의 찬란한 빛과 하늘을 떠가는 구름, 노래하는 새들, 꽃들의 숨결과 조화를 이루어야 합니다. 그러나 지금 성직자의 안식일은 자연의 아름다운 광채를 잃어버려 매력을 상실했으며, 우리는 예배가 끝나는 것을 반깁니다. 일요일의 예배는 매력적이지 않습니다. 우리는 예배가 끝나면 즐겁습니다. 차라리 교회 신도석에 앉아서 우리 스스로 예배를 보는 편이 훨씬 더 훌륭하게, 더 거룩하고 더 즐겁게 시간을 보낼 수 있으며, 정말로 그렇게 하고 있습니다.

형식주의자에게 설교단을 빼앗길 때마다 교인들은 속임수에 빠져 비탄에 잠깁니다. 행복을 안겨주는 것이 아니라 우리를 공격하고 불쾌하게 만드는 기도가 시작되자마자 우리는 위축됩니다. 우리는 기꺼이 외투를 여미고 안전을 꾀하지만 우리가 할 수 있는 것은 기껏해야 귀를 닫은 채 고독에 빠져드는 것뿐입니다. 언젠가 한번은 어느 목사의 설교를 들으며, 저는 더 이상 교회에 나가지 않겠다고 말하고 싶은 강렬한 충동을 느꼈습니다. 사람들은 습관적으로 다니던 곳을 간 것일 뿐, 그게 아니라면 그날 오후에 교회당에 들어간 사람은 한 사람도 없었을 것이라는 생각이 들었습니다. 사방에서 눈보라가 몰아치고 있었습니다. 눈보라는 현실이었으나, 그 목회자는 허상에 불과했습니다. 그를 바라보던 시선을 들어 그의 뒤에 있는 창문 밖으로 흩날리는 아름다운 눈송이를 바라보려니, 대조적인 모습에 슬픔이 느껴졌습니다. 그 설교자는 헛된 인생을 살았더군요. 그는 인생에서 웃거나 울었던 경험에 대해서, 결혼을 했거나 사랑에 빠졌거나, 칭찬을 들었거나 사기를 당했거나 원통했던 일을 친근하게 내비치는 말을 한마디도 하지 않았습니다. 그가 실제로 인생을 겪고 행동을 했는지, 우리의 지혜로는 간파할 수 없습니다. 그는 설교자라는 직업의 가장 중요한 비밀, 즉 삶을 진리로 전환해야 한다는 사실을 배우지 못한 사람이었습니다. 그는 아직도 자신의 모든 경험에서 단 하나의 사실조차 신념으로 받아들이지 못했던 것입니다. 그 사람은 밭을 갈고 씨앗을 심었으며 이야기를 하고 물건을 팔고 샀습니다. 책을 읽었고 먹고 마시기도 했습니다. 그는 머리가 아프고 심장이 두근거리며, 미소를 짓기도 하고 고통도 겪지만, 설교 내내 그가 정말로 인생을 살아왔음을 추측할 수 있는 단서는 단 하나도 없었습니다. 실질적인 개인사에서 비롯된 말은 단 한 줄도 없었습니다. 진정한 설교자는 자신의 삶, 생각의 불길을 통과한 자신의 인생을 사람들에게 나누어주는지, 그 여부로 판단할 수 있습니다. 그러나 형편없는 설교자의 설교에서는 그가 세상의 어떤 시대를 겪어 왔는지, 아버지나 자식이 있는지, 부유했는지 혹은 가난했는지, 도시 출신인지 시골출신인지, 혹은 개인 이력의 다른 어떤 사실도 드러나지 않습니다. 사람들이 교회에 꼭 나와야 한다는 사실이 이상해 보일 정도였습니다. 집에 있는 것이 너무 재미가 없어서 차라리 생각 없이 떠들썩한 교외가 더 낫다고 생각한 것 같았습니다. 이 이야기는 도덕적 정서에 거부할 수 없는 강한 매력이 있으며, 그 매력이 교회의 이름과 역할 안으로 들어와 단조로움과 무지에 한 줄기 희미한 빛을 비춰줄 수 있음을 보여줍니다. 이야기에 귀를 기울여 잘 듣는 사람은 때때로 감동을 받은 적이 있음을 확실히 기억하며, 그러려면 어느 정도 도달해야 하는 지점이 있다는 것과 어떤 말에 감동을 받는지 잘 압니다. 그러한 사람이 형편없는 설교자의 공허한 이야기를 들을 때는 더 좋았던 시간의 기억에 기대어 자신을 위로하기 때문에, 한 청자는 잘못된 설교자들의 헛된 이야기를 들을 때, 무의미한 설교는 쓸모없는 소음과 메아리로 남을 뿐입니다.

우리 목회자들이 가치 없는 설교를 한다고 해서 항상 헛된 것만은 아니라는 점을 저도 모르지는 않습니다. 어떤 사람들 중에는 뛰어난 귀로 아주 부실한 영양분에서도 미덕을 이끌어내는 이들이 있습니다. 모든 기도와 설교에는 공통적으로 시적(詩的) 진실이 감추어져 있으므로, 비록 어리석게 표현하더라도 사람들이 현명하게 알아듣는 것이 가능합니다. 경건해진 순간에 어떤 강한 충격을 받거나 환희에 휩싸인 영혼으로부터 솟아나오는 선택된 표현 속에는 시적 진실이 담기기 때문입니다. 우리 교회의 기도와 교리마저도, 사람들의 삶과 일 속에 현존하는 그 어떤 내용과도 완전히 동떨어져 있는 덴데라 신전에 그려진 황도대*나 힌두교 사람들의 천문 유적들과 유사합니다. 그런 유적은 과거 한 때 물이 찼던 높이를 가리킵니다. 그러나 그렇듯 온순한 태도는 선량하고 독실한 사람들이 낳는 폐해를 확인해줍니다. 교회 공동체의 대다수 사람들에게 종교 의식은 상당히 다른 생각과 감정을 불러일으킵니다. 게으른 목회자를 우리가 나무랄 필요는 없습니다. 그의 나태함에 대한 즉각적인 징벌을 접하면 오히려 우리는 연민을 느낍니다. 소명을 받아 설교단에 올랐으면서도 생명의 양식을 전하지 못하는 불행한 인간이 안타까울 따름입니다. 생겨나는 모든 일이 그를 비난합니다. 그런 사람이 해외나 국내 선교를 위한 헌금을 청할 수 있을까요? 교인들이 집에서 먹는 너무도 보잘 것 없는 음식을 제공하기 위하여 수백, 수천 킬로미터 떨어진 곳으로 돈을 보내야한다고 교인들에게 헌금을 권하는 순간 그의 얼굴은 수치심에 휩싸일 테고, 그러느니 차라리 수백, 수천 킬로미터 떨어진 곳으로 달아나는 편이 더 나을 것입니다. 그런 목회자가 사람들에게 신의 뜻을 따르며 살라고 촉구할 수 있을까요? 교회에 바랄 수 있는 것이 얼마나 형편없는지 목회자 본인도 교인들도 다 알고 있는데, 안식일 예배에 참석하라고 동포들에게 청할 수 있을까요? 그런 성직자가 주님의 만찬에 사람들을 개인적으로 초대할까요? 감히 그러지 못할 것입니다. 종교 의식에도 따뜻한 마음이 담기지 않는다면, 공허하고 무미건조하고 삐걱거리는 형식적 의례는 재치와 활기를 지닌 사람이 받아들이기엔 너무도 평범하기 때문에 두려움 없이는 초대하기도 어렵습니다. 길거리에서 공공연히 신을 모독하는 사람과 마주친다한들 그런 목회자가 무슨 할 말이 있겠습니까? 신을 모독하는 불경한 사람은 목사의 얼굴과 태도, 걸음걸이에서 두려움을 알아보게 마련입니다.

선량한 분들의 주장을 간과함으로써 지금 제가 하고 있는 호소의 진정성을 더럽히지는 않겠습니다. 저는 수많은 성직자들의 순수함과 엄격한 양심에 대해서 잘 알고 있으며 또한 존경합니다. 대중 예배가 생명력을 유지할 수 있는 것은 각지에 흩어져 여러 곳에서 교회를 일구고 목회활동을 하며, 때로는 원로들의 견해는 너무 순순히 받아들이기도 하지만 다른 사람들의 의견을 거부하는 한편 본인의 마음에서 우러나온 의지대로 미덕이 자아내는 진정한 자극을 받아들이

• 고대 이집트의 유적인 덴데라 신전에는 천장에 12궁도가 그려져 있어서 유명했으나 나폴레옹이 이집트 원정에서 약탈했으며, 현재 루브르 박물관에 소장되어 있다.

고, 그리하여 여전히 인품의 신성함에 따라 사랑과 경외심을 나누고 있는 독실한 신앙인들 덕분입니다. 게다가 누구보다도 더 좋은 시절을 누리며 더 진정한 영감을 받고 있는 몇몇 저명한 설교자에게는 예외를 찾아보기 힘들며, 아니, 모든 인간이 맞이하는 진실한 순간에는 예외가 없습니다. 그러나 예외가 어떠하든, 전통이 이 나라 설교의 특징이라는 것은 여전히 진실입니다. 또한 설교가 영혼으로부터 나오지 못하고 기억을 바탕으로 이루어진다는 점, 우리에게 꼭 필요하고 영원불변의 진리를 전하는 것이 아니라 평범한 것을 목표로 삼는다는 점, 그리하여 결국 전통적 기독교가 숭고함이 깃들인 경이로움과 힘의 원천이 담긴 인간의 도덕적 본성을 탐구할 수 있는 기회를 박탈함으로써 설교의 영향력을 훼손하고 있다는 점 역시 사실입니다. 온 세상의 기쁨이며 그 자체만으로도 우리의 생각을 다정하고 풍요롭게 만들 수 있는 신의 율법은 참혹한 불의를 겪고 있으며, 천문학적인 궤도로는 제대로 따라올 수도 없는 숙명적 확실성을 지닌 신의 율법은 서툴게 희화되고 폄하되어 야유와 조롱을 받으며, 율법의 특성도 말씀도 명확히 전달되지 못하고 있습니다. 신의 율법에 대한 시각을 잃어버린 교단은 이성을 잃고 무엇을 해야할지 알지 못한 채 더듬거리며 헤매고 있을 뿐입니다. 이러한 문화적 결핍 탓에 교회 공동체의 영혼은 병들고 믿음을 잃게 됩니다. 준엄하고 고결하며 금욕적인 기독교의 기강을 세워 교단 자체의 문제점을 파악하고 저절로 신성을 이야기하게 만드는 일이 무엇보다도 시급합니다. 현재 인간은 스스로를 수치스럽게 여겨, 용서와 동정을 받기 위하여 세상을 피해 남몰래 숨어 다니는 상황이어서, 천년 동안 그 누구도 감히 지혜와 선량함을 갖추려고 노력함으로써 인류에 대한 눈물과 축복을 이끌어낸 사람이 드물었습니다.

특정한 진실을 파악하는 지식의 부재 속에서도 실제로 더 위대한 믿음이 가능했던 시절은 분명 존재했습니다. 영국과 미국의 청교도들은 자신들의 엄격한 신앙생활과 시민으로서 누리는 자유를 향한 갈망의 영역을 가톨릭교회의 그리스도와 로마 교황청에서 물려받은 교리에서 찾았습니다. 그러나 그들의 신념은 점차 사라져가고 있으며, 그 빈자리를 대신할 것은 아무것도 생겨나지 않았습니다. 현재 우리 교회 가운데 어느 곳이든 정해서 다니는 사람이라면, 대중 예배가 사람들에게 미쳤던 영향력이 사라져버렸거나 사라져가고 있다는 느낌을 받지 않은 이가 없을 것이라고 생각합니다. 교회는 선량함에 대한 애정과 악함에 대한 공포를 장악하는 능력을 잃어버렸습니다. 이 나라에서, 우리 주변에서, 교회의 절반은 속된 말로 끝장나고 있습니다. 이미 종교 집회에서 고유의 특성과 신앙이 밀려나기 시작하고 있습니다. 는 현상이 이미 시작되고 있는 것이지요. 안식일을 소중히 지키던 독실한 분이 "일요일마다 교회에 나가는 것이 나쁜 짓처럼 느껴진다."고 씁쓸한 마음으로 고백하던 말을 들은 적이 있습니다. 현재 교회가 지탱하고 있는 최상의 동기는 오로지 희망과 기다림 뿐입니다. 교구에서 가장 훌륭한 사람들과 가장 형편없는 사람들, 가난한 사람들과 부유한 사람들, 배움이 높은 사람들과 무지한 사람들, 젊은이와 노인들이 영혼으로는 동등한 권리를 갖고 있다는 표시로 한 집안에 모인 가족처럼 하루 모여 예배를 본다는 것은 한때는 그저 환경에 지나지 않았지만, 이제는 교회에 나가는 가장 우선적인 동기가 되고 말았습니다.

여러분, 저는 쇠퇴하고 있는 교회와 황폐한 불신의 원인이 바로 이두 가지 결함에 있다고 생각합니다. 한 나라에 닥칠 수 있는 재앙 가운데 신앙의 상실보다 더 큰 것이 뭐가 있겠습니까? 신앙을 잃으면 모든 것이 퇴락합니다. 천재는 교회를 떠나 의회나 시장을 떠돕니다. 기웃거립니다. 문학은 경박해집니다. 과학은 냉혹해집니다. 젊은이의 눈은 다른 세상에 대한 기대감으로 반짝이지 않고, 나이를 먹어도 존경을 받지 못합니다. 세상 사람들은 사소한 것에 얽매여 사느라, 사람이 죽어도 그들을 입에 올리지 않습니다.

자, 형제들이여, 이제 여러분은 이렇듯 암울한 시절에 우리가 무엇을 할 수 있을 것인가, 의문이 생길 것입니다. 치유법은 우리가 교회에 품고 있는 불만의 바탕에 이미 드러나 있습니다. 우리는 교회를 하느님의 영혼에 비유해왔습니다. 그렇다면 구원은 영혼에서 찾아야합니다. 인간은 가는 곳마다 개혁을 일으킵니다. 낡은 것은 노예들의 몫입니다. 인간이 나타나면 모든 책은 읽을 수 있게 되고, 모든 일이 투명해지며, 모든 종교가 형태를 갖춥니다. 인간은 종교적입니다. 인간은 놀라운 일을 해냅니다. 인간은 기적 속에서도 발견됩니다. 모든 인간은 축복과 저주를 행합니다. 인간은 오로지 예, 아니오, 라고 말합니다. 종교의 불변성, 영감의 시대는 과거이며 성경은 이미 종결된 이야기라고 믿는 추정, 예수를 인간으로 표현하면 그분의 성품을 비하하는 것이라 여기는 두려움 등은 우리 신학의 오류를 대단히 명확하게 보여줍니다. 신은 과거에 존재하셨던 것이 아니라 지금 존재하시며, 그분의 말씀도 과거가 아니라 현재임을 우리에게 보여주는 것은 진정한 스승이어야 하는 성직자의 의무입니다. 인간의 무한한 능력에 대해서 예수 그리스도가 품으셨던 신념 같은 진정한 기독교 신앙은 사라졌습니다. 인간의 영혼을 믿는 사람은 아무도 없으며, 단지 옛날에 살다가 세상을 떠난 몇몇 인물들을 믿을 뿐입니다. 참으로 안타까운 일입니다! 잘못된 길을 혼자 가는 사람은 없습니다. 은밀히 지켜보고 계신 신은 회피하면서, 모든 인간은 이런저런 성자나 시인을 찾아 떼로 몰려다닙니다. 은밀한 곳에서 그들은 앞을 보지 못하며, 공개된 곳에서도 그들은 눈이 머는 것을 즐깁니다. 그들은 세상 사람들이 자신의 영혼보다 더 현명하다고 생각하며, 한 사람의 영혼이, 그리고 자신들의 영혼이 세상 전체보다도 현명하다는 사실을 알지 못합니다.

여러 국가와 인종이 시간의 바다 위를 스치듯이 지나가더라도 그들이 떠 있던 곳이나 가라앉은 곳을 가리키는 물결은 남지 않지만, 한 사람의 선한 영혼은 모세, 제노*, 조로아스터의 이름을 성직자로 영원히 새겨두었음을 생각해보십시오. 국가와 자연의 본모습이 되겠다는 엄중한 야망을 실제로 시험해보는 사람은 아무도 없지만, 모든 인간은 일부 기독교 제도나 종파간의 관계, 혹은 저명인사에 기대어 쉽사리 이인자가 되려고 합니다. 일단 여러분이 신에 대한 자신만의 고유한 지식과 본인만의 정서를 버리고 성 바울이나 조지 폭스, 스베덴보리를 좇아 이차적인 지식을 받아들이고 나면, 그 이차적인 지식의 형태가 지속되는 한 여러분은 해마다 신과 더 멀어지게 되고, 지금처럼 수세기에 걸쳐 그런 일이 반복된다면 그 틈은 더욱 벌어져 인간은 자신들의 내면에 어떻게든 신성한 것이 존재한다는 사실을 좀처럼 믿지 못합니다.

제가 여러분께 강력히 충고하려는 것은, 무엇보다도 홀로 나아가라는 점입니다. 사람들의 상상 속에서 성스럽게 여겨지는 훌륭한 전범조차 거부한 채로, 그 어떤 중재자나 장막 없이 용감하게 신을 사랑하십시오. 앞으로 여러분은 웨슬리나 오벌린** 같은 성직자, 현자들, 예언자들을 비롯하여 여러분이 따르고 싶은 귀감이 될 만한 친구들을 수도 없이 만나게 될 것입니다. 그처럼 훌륭한 사람들을 내려주신 하느님께 감사하되, '나 역시 인간이다'라고 되뇌십시오. 모방으로는 전범을 뛰어넘을 수 없습니다. 모방하는 사람은 결국 스스로 평범함에 빠질 수밖에 없는 운명입니다. 새로운 것을 만들어내는 사람은 그것이 그에겐 자연스러운 일이고, 그래서 그 일에 매력을 느끼기 때문

• 5세기 동로마제국의 황제로 둘로 갈라진 그리스도교 종파의 화해를 위해 노력했다.

에 계속해서 새로운 것을 만들어냅니다. 모방하는 사람은 그와는 다른 천성을 갖고 있어서, 자신만이 갖는 아름다움을 스스로 저버려 다른 사람의 재능에 늘 못 미치게 됩니다.

여러분은 모두 성령의 힘으로 새롭게 태어난 시인입니다. 순응의 태도는 모두 던져버리고, 직접 신과 사람들을 연결시켜주십시오. 무엇보다도 먼저 유행, 관습, 권위, 쾌락, 돈은 여러분에게 아무것도 아님을 명심하고, 그것들이 여러분의 눈을 가려 앞을 보지 못하게 해서는 안 되며, 헤아릴 수 없을 만큼 넓은 마음의 특권을 지니고 살아가야 합니다. 주기적으로 교구의 모든 가정과 신자들을 일일이 방문해야한다는 지나친 강박은 갖지 마십시오. 그러나 남녀 신자 누구들 만나든 그들에게 신성한 사람이 되어주고 그들에게 생각과 미덕의 본보기를 보여주십시오. 그들의 소심한 열망이 여러분한테서 친구를 발견하게 하고, 여러분이 만들어낸 우호적인 분위기 속에서 그들의 억눌린 본능이 즐겁게 표출될 수 있도록 도와주십시오. 의심하는 이들에겐 여러분도 의심한 적이 있음을 알려주고, 궁금해 하는 이들에겐 여러분이 궁금해 했던 경험을 느끼게 해주십시오. 여러분 본인의 마음을 신뢰할수록 다른 사람들에 대한 확신도 더 커질 것입니다. 비록 우리의 지혜는 보잘 것 없고 습관의 노예가 되어 영혼을 파괴하고

•• J. F. Oberlin(1740-1826), 프랑스 출신의 루터교 목사로 신교도는 물론 가톨릭교도까지 포용한 박애주의를 실천하여 프랑스 사회 기독교의 진정한 선구자로 불린다.

있지만, 모든 인간은 숭고한 생각을 품고 있으며, 얼마 안 되는 인생의 진실한 시간들을 소중히 여기고, 누구나 자기 이야기를 들어주면 좋아한다는 점, 그리고 원칙에 따라 예상되는 미래에 사로잡히는 것을 좋아한다는 점에는 의심의 여지가 없습니다. 판에 박힌 일상과 죄악으로 허비한 암울한 세월동안, 우리의 영혼을 더욱 현명하게 만들어주었던 다른 영혼과 만났던 드문 기억을 우리는 빛으로 간직합니다. 그 영혼들은 우리의 생각을 말로 전달해주고, 우리가 알고 있던 것을 표현해주었으며, 내면 깊은 곳에 존재하는 우리 자신으로 남아 있도록 해주었습니다. 사람들을 위해 성직의 의무를 다하십시오, 그러면 여러분이 곁에 있든 없든 그들의 사랑이 천사처럼 여러분을 따라다닐 것입니다.

그러나 이 목적을 위하여, 평범한 수준의 가치를 목표로 삼지는 맙시다. 사회적인 인정을 받기 위해 겉으로만 화려한 미덕을 사랑하는 일 따위는 외면한 채, 우리들은 절대적인 능력과 가치를 지닌 심오한 고독 속으로 스스로 파고들 수는 없을까요? 사회에서 요구하는 선의 기준에 부합하는 것은 쉬운 일입니다. 세상 사람들의 칭송을 얻는 것은 만만한 일이며, 거의 모든 사람들은 그렇게 쉽게 얻어지는 가치에 만족합니다. 그러나 신과 소통하는 순간의 영향력은 그런 가치를 물리칩니다. 배우도 아니고 연설가도 아니지만 세상에 많은 영향력을 미치는 사람들이 있습니다. 유창한 언변을 경멸하고 너무 위대해서 명성이나 과시가 필요조차 없으며, 우리가 예술과 예술가라고 부르는 사람들은 모두 너무도 긴밀하게 서로 연결되어 생색이나 사심을 품지도, 유한하고 이기적인 부풀리기나 보편성의 상실을 보여주지도 않는 듯합니다. 웅변가와 시인, 권력자는 우리의 허락과 존경이 있어야만 아름다운 여성이 마음을 사로잡듯이 우리 마음을 잠식합니다. 정신을 집중하여 그들을 무시하십시오, 고결하고 보편적인 목표를 추구함으로써 최대한 그들을 외면하십시오, 그러면 여러분이 그럴 권리를 갖고 있으며 그들이 빛을 발휘해야할 곳은 더 낮은 곳임을 저들도 즉각 느끼게 될 것입니다. 또한 여러분과 함께라면 그들도 마음을 열고서 전지전능하신 성령을 받아들이게 되므로, 사람들은 결국 여러분이 옳음을 실감합니다. 정오의 태양처럼 찬란한 성령의 빛 앞에서는 우리가 더 현명하다고, 가장 현명하다고 칭송하는 작품의 보잘것없는 희미한 그림자와 지식 차이가 상대도 되지 않습니다. 그런 숭고한 영적 교감 속에서 우리는 위풍당당하게 청렴한 태도를 연구해야 합니다. 우리를 사랑하는 이들의 부당한 요구에서 벗어날 수 있도록 친구들에게서 독립하여 과감하게 선의를 실천하려면 우리의 자유가 얼마간 손상되겠지만, 진리를 위하여 과도한 칭찬의 말을 거부하고 누구보다 먼저 동정심에 호소해야 합니다. 우리가 알고 있는 이 아름다운 요소, 특정하고 견고한 가치가 빚어낸 가장 고결한 형태는 세상 여론과는 아무런 상관없으며, 가장 근본적이고 분명한 미덕은 당연한 것으로 여겨져야 하므로, 정당하고 용감하고 관대한 발걸음으로 실천된다 해도 그 누구도 칭찬할 생각을 하지 않을 것입니다. 허영심이 많은 사람이 선행을 베풀면 칭찬을 하겠지만, 천사를 칭찬하지는 않는 법입니다. 세상에서 가장 자연스러운 일인 것처럼 장점을 받아들이고 침묵하는 것이야말로 최고의 칭찬입니다. 그런 영혼들이 나타난다면, 미덕을 지키는 황실의 호위대이자 영원한 보호자, 행운의 독재자가 될 것입니다. 우리는 그들의 용기를 칭찬할 필요가 없습니다. 그들이 자연의 핵심이자 영혼이기 때문입니다.

친애하는 여러분, 우리에겐 아직 꺼내 쓰지 않은 자원들이 담겨 있습니다. 위험의 소식을 듣고 기운을 차려 일어서는 사람들이 있습니다. 대다수의 사람들은 위기의 순간에 겁을 집어먹고 얼어붙지만, 그런 상황에서 필요한 것은 몸을 사리며 자신을 챙기는 능력이 아니라 사태에 대한 정확한 이해, 동요하지 않는 침착성, 자신을 희생할 수 있는 마음가짐입니다. 그래서 그런 능력을 가진 사람들에게 위기 상황은 마치 신부처럼 우아하고 사랑스러운 모습으로 다가옵니다. 나폴레옹이나 마세나 장군°에 대해 말하기를, 마세나는 전세가 불리해지기 전까지는 좀처럼 본모습을 보이지 않다가 주변에서 병사들이 줄줄이 죽어나가기 시작하면 그의 모든 능력이 잠에서 깨어나 공포와 승리의 망토처럼 걸쳤다고 합니다. 마찬가지로 절박한 위기에 닥쳐서도 불굴의 인내심으로 연민조차 불가능할 만큼 목표에 매달릴 때 비로소 천사는 모습을 드러냅니다. 그러나 이런 경지는 우리가 회개와 수치심 없이 회상하고 우러러보는 것이 좀처럼 불가능할 정도로 지극히 드높은 수준입니다. 그러한 사례가 우리에게 존재함을 신께 감사합시다. 그리고 지금은 우리가 할 수 있는 일을 함으로써, 거의 다 꺼져가 연기만 나고 있는 제단에 다시 불을 타오르게 합시다. 교회의 폐단은 현재 너무도 명백합니다. 질문은 다시 원점으로 돌아갑니다. 우리는 무엇을 해야할까요? 고백하건대 저는 새로운 의례와 형식으로 예배를 기획하고 체계화하려는 모든 시도는 부질없다고 생각합니다. 신앙이 우리를 만드는 것이지 우리가 신앙을 만들지는 못하며, 신앙은 자체적으로 형식을 만들어내기 때문입니다. 부자연스럽게 체계를 짜맞추려는 모든 시도는 프랑스인들이 '이성의 여신'**으로 도입한 새로운 우상숭배만큼이나 섬뜩한 일입니다. 그러다간 오늘은 골판지로 만든 가짜 우상에 금은세공을 입히지만, 내일은 광기와 살인으로 끝을 맺습니다. 형식을 바꾸려 하지 말고 이미 존재하는 형식을 통해서 여러분이 새로운 생명의 숨결을 불어넣으십시오. 일단 여러분이 살아나면, 형식도 유연하고 새로워짐을 깨닫게 될 것입니다. 기형으로 변해버린 예배형식을 구제할 방법은 첫째도 영혼, 둘째도 영혼, 영원불멸토록 영혼입니다. 미덕의 맥박 한 번만으로도 전체 교회 조직의 형식이 고양되고 생명력을 갖출 수 있습니다. 기독교는 헤아릴 수 없을 만큼 귀중한 두 가지 혜택을 우리에게 선사했습니

• 1758-1817, 프랑스 혁명전쟁 당시의 군인으로 나폴레옹과 함께 이탈리아 원정에서 여러 전투를 이끌었다.
•• 프랑스 혁명 당시 국민회의는 가톨릭이 왕권 타락과 부조리의 원인이라 여겨, 맹목적 믿음이 아닌 자유와 이성이 혁명 정신임을 강조하기 위하여 '이성의 여신'을 만들어냈다.

다. 첫 번째는 온 세상의 축제일인 안식일입니다. 안식일의 빛은 철학자의 골방에도, 노동자의 다락방에도, 감방 안까지도 똑같이 공평하게 비추며, 심지어 타락한 자들에게까지 모든 곳에 영적 존재의 존엄성을 깨닫게 해줍니다. 영원히 지속될 하느님의 신전을 세워, 그곳에서 새로운 사랑, 새로운 신앙, 새로운 시각이 인류에게 처음 보여주었던 영광보다 더 찬란하게 복원될 수 있도록 합시다. 두 번째 혜택은 설교의 관습입니다. 한 사람이 여러 사람 앞에서 말씀을 들려주는 연설은 본질적으로 모든 대화 형식을 통틀어 가장 유연한 소통 수단입니다. 이제 여러분이 어디서든, 설교단이든 강단이든, 집이나 들판에서도, 사람들의 초청을 받아서든 혹은 여러분 본인의 의지가 이끄는 대로든 어디라도 상관없이, 여러분의 삶과 양심이 가르치는 대로 진실만을 이야기하며, 기대감에 들떠 있는 사람들의 여린 마음을 새로운 희망과 새로운 계시로 북돋아준다면, 과연 그 무엇이 여러분의 설교를 방해하겠습니까?

　동방 사람들, 특히 히브리인들의 영혼을 매료시키고 그들의 입을 통해 대대손손 신탁을 전했던 최고의 아름다움이 서방에서도 말씀 전하게 될 날을 저는 기다리고 있습니다. 히브리와 그리스의 경전에는 수많은 사람들에게 생명의 양식이 되어왔던 불멸의 명문(名文)이 담겨 있습니다. 그러나 그 경전은 서사적 통일감을 갖추지 못하였고, 내용이 단편적이며 이해하기 쉽도록 순서대로 정리되어 있지는 못합니다. 그럼에도 저는 그 찬란한 법칙들을 충실하게 따를 새로운 스승

역할을 해줄 성직자를 고대하고 있습니다. 그들은 그 법칙들의 완전한 순환을 보게 될 것이고, 주위를 둘러싸는 완벽한 은총을 목도할 것이며, 세상이 영혼의 거울임을 깨닫게 될 뿐만 아니라, 중력의 법칙과 마음의 순수성이 갖는 동질성을 알게 될 것이며, 자신의 책무, 즉 성직의 의무가 과학과 아름다움과 환희를 모두 아우르는 것임을 보여 주게 될 것입니다.

철학자와 문필가의 중간적 정체성

랠프 왈도 에머슨을 지칭하는 수식어는 너무도 다양하다. 초월주의의 창시자, 콩코드의 철학자, 민주주의 시인, 19세기 미국의 지성을 대표하는 사상가, 미국 종교의 예언가, 뛰어난 강연가, 실용주의의 선구자, 진솔한 문필가, 신비적 이상주의자……. 그에게 이토록 다양한 정체성이 부여되었다는 사실은 단편적인 한두 마디 설명으로는 에머슨의 인생과 생각을 담아낼 수 없을 만큼 다채로움을 띠고 있다는 의미일 것이다.

신생국가로서 아직 문화적 깊이가 그다지 깊지 않았던 19세기와 20세기 미국의 종교, 철학, 예술, 정치에 에머슨은 막대한 영향력을 미쳤으며, 『월든』으로 유명한 헨리 데이비드 소로에게는 멘토 역할을 했던 것으로 잘 알려져 있다. 이 뿐만 아니라 마이클 잭슨, 스티브 잡스, 버락 오바마 전 대통령마저도 에머슨이 남긴 불후의 수필 「자기 신뢰」에 깊은 영향과 영감을 받았다고 고백한 바 있다. 대체 에머슨의 어떤 심오한 사상이 과거와 현대인들의 마음을 이다지도 깊이 사로잡은 것일까?

에머슨은 1803년 매사추세츠주 보스턴에서 유니테리언파 보스턴 교회의 목사 윌리엄 에머슨과 루스 해스킨스의 둘째 아들로 태어났다. 에머슨이 1832년 목사직을 사임하기까지 그의 종교 철학에 바탕이 되었던 유니테리언파 교회는 삼위일체론이라는 교리를 반대하여 예수 그리스도의 신성(神性)을 부정하고 오로지 하느님의 신성만을 인정하여 '일신교'라고도 불린다. 이성 존중의 경향이 강하며 개인을 강조한 유니테리언파의 교리는 훗날 에머슨을 중심으로 한 초월주의 철학으로 이어졌다. 모든 개인이 자신을 초월하여 본인의 직관력을 통해 신의 보편적 진리에 도달함으로써 신과 하나가 될 수 있다는 주장은 초월주의의 핵심이다. 오감이나 경험 대신에 직관을 통하여 사물의 본질이나 진리를 파악하고, 나아가 신을 알아갈 때도 인간의 직관을 중시하는 에머슨의 진보적인 종교관은 당시 보편적인 사회 통념과 상충하면서 비난을 받기도 하였다.

7대에 걸쳐 성직을 이어온 가문에서 태어났지만, 에머슨이 목사의 길을 가기로 선택한 것은 1824년 21세 때 하버드대학교 신학대학원에 입학하면서의 일이다. 학부 시절 그는 매일 일기와 시를 쓰던 문학 청년이었고, 성적은 그다지 뛰어나지 않아 졸업생 59명 가운데 정확히 중간이었던 것으로 알려져 있다. 그러나 졸업 기념행사에서 대표로 자작시를 낭송했을 정도로 문학적 역량은 이미 뛰어났고 꾸준히 일기와 습작 시를 쓰는 데 몰두했으며, 값비싼 학비를 충당하기 위해 웨이터로 일하거나 숙부와 숙모가 운영하는 학교에서 임시교사로 일했다.

여덟 살 때 아버지가 사망한 이후 모진 가난과 허약한 체질로 인한 잦은 병치레, 형제들의 죽음을 겪으며 계속 평탄하지 않은 삶을 이어 온 탓인지, 대학 생활과 함께 꼼꼼하게 기록을 시작한 그의 일기를 보면 하버드 대학 재학 시절 역시 회의와 실망으로 가득한 생활로 그려져 있다. 그럼에도 그의 일기는 남은 평생 이어진 사색과 자성의 기록이었으며, 훗날 발표된 시와 수필의 귀한 자료가 되었다.

에머슨이 첫 아내 엘렌 루이자 터커를 만난 것은 1827년 콩코드에서 열린 어느 파티였고, 2년 뒤 엘렌이 18세가 되자 두 사람은 결혼식을 올렸다. 에머슨은 1829년 1월 유니테리언파 보스턴 제2교회의 부목사로 부임하면서 바쁜 나날을 보내지만, 보스턴으로 이주한 신혼 부부에겐 곧 비극이 찾아왔다. 결혼 전 이미 폐결핵을 앓고 있던 엘렌이 20세의 나이로 세상을 떠나고 만 것이다. 사랑하던 아내의 죽음 이후 에머슨은 자신의 종교적 신념에 의구심을 품기 시작했고, 성찬식과 합동 기도회 등 교회의 전통적이고 인습적인 방식에 반감을 보이면서 급기야 1832년 목사직을 사임하기에 이르렀다. 당시 일기에 그는 "좋은 목사가 되기 위해서는 목사직을 그만둘 필요가 있다는 생각이 간혹 든다. 성직은 구태의연하다. 시대는 변하였는데 우리는 조상들의 죽은 형식을 숭배한다."고 적을 정도로 형식적인 목사의 역할에 괴로움을 토하였다.

성공과 장래가 보장된 성직자의 길을 거부하면서 에머슨의 인생은 중대한 전환점을 맞는다. 미국과 교회를 벗어나 1년간 유럽 여행을 떠났다가 귀국한 뒤, 에머슨은 공개 강연으로 생계를 이어갔다. 「자기 신뢰」, 「자연」 등을 비롯하여 훗날 출간된 그의 주요 에세이 대부분은 강연 원고로 집필되었다가 출판용으로 수정된 것이다. 에머슨의 강연과 에세이에서 다루어지는 다양한 주제를 관통하는 한 가지 사상을 굳이 꼽는다면, 그것은 개인의 무한한 능력과, 자신을 굳게 믿고 홀로 나아가는 자주성인 듯하다. 신앙도 사랑도 우정도 결국엔 자기 자신의 내면을 먼저 들여다보고 그 힘에 의존해 우뚝 홀로 서서 걸어갈 때 따라오는 부차적인 선물이다. 당신 자신을 믿으라고 거듭 촉구하는 에머슨의 외침은 너 자신을 알라, 하늘은 스스로 돕는 자를 돕는다, 천상천하 유아독존, 같은 유사한 금언을 떠오르게 한다.

에머슨은 기독교뿐만 아니라 이슬람교, 불교, 힌두교, 유교, 조로아스터교 등 인류의 주요 종교에 관하여 두루 진지한 연구에 심취했고, 고대 그리스 사상과 중세의 신학, 근대 철학에도 정통했다. 특히 칸트의 철학과 독일 관념론의 영향을 많이 받은 그는 개인의 진리 탐구에 인간 주체의 자발성과 자율, 자유를 존중하고, 무엇보다도 각 개인의 개성과 자신만의 고유한 자기실현을 강조하였다. 그러나 에머슨은 특정한 가치나 철학적 사상 체계에 지나치게 의존하지 않았으며, 동양 사상인 '중용'에 근접한 태도를 취하였다. 모든 생명이 관계를 맺고 항상 변화하는 대자연 속에서 인간이 '지금 여기서' 누리는 현재의 삶을 제한된 사상 체계로는 총체적으로 설명하는 것이 불가능하다는 것이 그의 논리다.

다양한 주제로 순회강연을 이어가며 서서히 명성을 얻어가던 에머슨은 1836년 프레드릭 헨리 헷지(Fridrec Henrey Hedge), 조지 리플리(Gerge Ripley), 조지 퍼트넘(George Putnam), 에이머스 브론슨 앨콧(Amos Bronson Alcott), 헨리 데이비드 소로, 윌리엄 채닝(Willamm H. Channing), 소피아 리플리(Sophia Ripley), 마거릿 풀러(Margaret Fuller) 등과 함께 비형식적인 문학 모임인 '초월주의 클럽'을 결성하고, 1939년부터는 기관지 《다이얼(Dial)》을 계간으로 발간하였다. 기존 문예지에선 진보적인 주장을 펼치는 초월주의 문필가들의 글 게재를 거부했기에 자신들만의 잡지가 필요했던 것이다. 에머슨은 얼마 후 이 잡지의 편집장이 될 만큼 문학 운동에 열성을 보이며, 재능 있는 젊은 작가 홍보에 힘썼다.

에머슨 본인은 초월주의자로 불리는 것을 그다지 반기지 않았다고 한다. 초월주의는 철학적 사상이기도 하면서 미국 낭만주의 문학운동이자, 인간의 정신 개혁과 함께 사회와 제도 개혁에도 의욕을 지닌 사회 운동이었다. 초월주의자들은 이상적인 공동체를 꿈꾸며 공동농

장을 기획하기도 하고, 철학자 캠프를 열어 자연과 예술, 문학을 연결하려는 노력을 기울였으며, 노예제도 폐지를 강력하게 주장하였다. 그 가운데서도 '콩코드의 현자'로 불리던 에머슨은 당시 미국인들의 지적 문화를 선도하는 목소리 역할을 하였다.

유용한 지식의 확산을 위해 노력한 매력적인 연설가

대중적으로 가장 널리 알려졌으며 현대인들에게도 가장 사랑 받는 에세이인 「자기 신뢰」는 1841년 발간된 『수필집: 첫 번째 시리즈(Essays: First Series)』에 포함되어 있으며, 인간의 본성에 대한 에머슨의 믿음이 가장 잘 드러나 있는 작품이다. 사회와 제도는 인간이 본래 타고난 선한 본성을 짓밟고 오염시키지만, 모든 인간에게 내재되어 있는 신성을 바탕으로 개개인이 굳건한 자기 신뢰에서 비롯된 흔들림 없는 행동을 이어나간다면 더 나은 인간관계, 더 훌륭한 사회를 이룰 수 있다고 그는 주장한다. "자기 자신의 마음에 깃든 진실함보다 신성한 것은 아무것도 없다."는 그의 믿음은 사회가 요구하는 세속적인 가치에 순응하지 말 것을 우리에게 촉구하며 독자적인 행동을 권유한다. 모방하려 들지 말고 자기 자신을 고집하라고, 자신의 가치를 깨달으라고 거듭 촉구하며, 에머슨은 행복은 자신의 마음이 시키는 대로 과거와 시간을 초월하여 현재를 살아가는 것에 있음을 강조한다.

결국 우리에게 마음의 평화를 안겨줄 수 있는 장본인은 자기 자신밖에 없기 때문이다.

「역사」에도 인간의 이성과 자유 의지를 강조하는 그의 철학이 이어지며, 역사를 제대로 이해하기 위해서는 주관적이고 적극적인 태도로 해석해야 한다고 말한다. 다양한 분야의 역사는 인간을 중심으로, 개인의 역사를 통하여 설명되어야 한다는 의미다. 위대한 사람들은 사회의 진보를 이끌며, 진보는 결국 한 개인의 도덕적 완성이다. 각 시대의 현재를 치열하게 살아간 개개인의 생애가 합해진 역사를 접할 때, 우리는 그들의 사적인 경험에 자신을 대입하면서 지나간 역사를 몸소 겪으며 그 안에 담긴 미덕과 의미를 받아들인다. 역사를 읽고 쓰는 방식에서도 에머슨의 주장은 개인과 현재성을 중시하고 있다.

1835년 에머슨은 자신의 강연을 들으러 왔던 리디아 잭슨과 서신을 주고받다가 재혼하여 콩코드의 목사관에 정착하였다. 지성을 중시하는 그의 태도는 종종 내밀한 인간관계와 감정에 냉소적일 것이라는 선입견을 주지만, 에머슨은 인간의 애정을 주제로 다룬 수필 「사랑」에서 인간 본성의 진수이자 삶을 달콤하게 만들어주는 신의 선물인 사랑의 희열을 찬미한다. 인간의 모든 감정을 확장시키고 그 자체로 아름다움을 빛내는 사랑은 신의 창조로 생겨난 영혼들인 우리 인간이 지니고 있는 순수한 미덕의 상징이다.

사랑만큼 소중한 감정인 벗에 대한 애정을 다룬 에세이 「우정」에서도 에머슨이 가장 강조하는 점은 우선 있는 그대로의 자신을 먼저 파악하고 세속적인 욕심 없이 순수한 마음으로 타인을 대하라는 것이다. 친구는 세속적인 계산이나 조건 없이 '나'라는 존재를 받아들여 주는 사람이다. 그렇게 귀한 우정과 영혼의 교감을 유지하기 위해서는, 다정함과 존경심을 비롯한 숭고한 노력이 필요하며 온 마음을 다해 친구와 같은 수준에 이르도록 영혼의 본성을 일깨워야 한다. 우정은 종교를 대하듯 신성하게 다뤄야하며, 상대방을 신처럼 여겨 서로에게 소중한 존재가 되어야한다는 에머슨의 가르침에서도 인간의 본질에 대한 믿음이 풍겨 나온다.

에머슨은 첫 유럽 여행에서 교류했던 여러 인사 중 토머스 칼라일과는 평생 우정을 이어나갔고, 초월주의 클럽에서 함께 활동했던 헨리 데이비드 소로는 에머슨이 다시 장기 유럽 여행을 떠난 동안 그의 저택 관리인을 자처할 정도로 깊은 교우관계를 유지했다고 전해진다. 또한 1872년 에머슨의 말년에 콩코드의 저택에 화재가 발생하자, 친구들은 모금 활동을 벌여 에머슨을 해외로 여행을 보낸 뒤 그의 부재중에 집을 수리할 계획을 세우기에 이른다. 에머슨에 대한 친우들의 우정과 존경심이 얼마나 대단했는지 알 수 있는 일화가 아닐 수 없다.

옛 전통과 관습의 맹목적인 권위를 거부하는 에머슨의 반항정신은 1938년 7월 하버드 신학대학원 학생들의 요청으로 이루어진 강연에서 더욱 두드러진다. 다른 사람들의 이목 때문에, 목사라는 직업의 무게 때문에 옳지 않은 일에 제대로 목소리를 내지 못하고 휩쓸렸던 자신의 과오를 솔직히 고백하고, 타락한 목사와 형식주의에 빠진 교회에 대한 비판을 서슴지 않는 에머슨의 태도는 현대 독자들이 보기에 상당히 존경스럽고 이 시대에 꼭 필요한 어른의 말씀을 듣는 것만 같아 통쾌함까지 느껴지지만, 당시로선 대단히 급진적인 주장이어서 보수적인 기독교인들에게 엄청난 충격을 안겨주었다. 예배 형식과 교리 해석에 골몰하는 전통적인 기독교와 달리 인간은 누구나 성직자라는 중간 매개자 없이 신에게 직접 다가갈 수 있음을 강조하고, 예수 그리스도의 기적과 신성을 인간적인 삶 속에서 적극적으로 해석하였기 때문이다. 이 강연 이후 에머슨은 심지어 일부 보수주의자들에게 무신론자라는 비난을 받았을 뿐만 아니라, 향후 30년간이나 두 번 다시 하버드 대학에서 강연할 기회를 갖지 못하였다.

에머슨이 남긴 유산

무한한 가능성을 지니고 있는 개인의 자립과 자기 신뢰를 강조하면서 미국인들의 개인주의적인 가치관을 철학으로 승화시켰다는 평가를 받는 초월주의를 에머슨의 일생에 국한시킨다면, 어쩌면 하나의 굳건한 사상 체계라기보다는 선량한 인간이 미덕을 발휘하며 현명한 삶을 이끌어나가는 생활방식으로 보아도 무방하지 않을까. 신의 섭리가 멀리 있는 것이 아니라 인간의 내면에 깃들어 있다는 그의 군건한 믿음과, 보편적인 도덕적 원칙에 따라 살아가는 것의 중요성을 마치 예언자처럼 조언하고 스스로 실천으로 보여준 그의 삶은 한 세기 반이나 세월이 흐른 이후에도 감동을 전하는 이유일 것이다.

시대를 초월하는 고전의 가치는 결국 독자의 심금을 울리는 현재성과 감동이다. 에머슨의 심오한 철학과 사색은 일반 독자의 입장에서 선뜻 쉽게 이해하기 어려운 것이 사실이다. 그러나 유려한 문장과 시적 감수성이 돋보이는 언어에 담긴 에머슨의 깊고 진지한 고민은 두고두고 오래 뜸을 들이며 조금씩 곱씹어 볼수록 그 진가를 알 수 있다.

작은 도토리 한 톨에는 거대한 숲을 이룰 잠재력이 들어 있다고 흔히 말한다. 겨울을 나야하는 다람쥐는 입안 가득 도토리를 물어다가 숲 이곳저곳에 숨겨두지만 그 자리를 미처 다 기억하지 못해 결국엔 놓치는 양식이 있을 수밖에 없다. 숲을 이룬 참나무는 결국 다람쥐가 숨겨놓았다가 잊었거나, 외진 곳에 있어서 들짐승에게 먹히지 않은 귀한 열매가 자란 흔적이다. 물론 거위벌레가 이미 남몰래 도토리에 알을 낳아 숨겨두었을지 모른다. 그늘에 남은 도토리 하나가 겨울을 무사히 지나 결국 봄에 싹을 틔울 것인지는 아무도 알 수 없다. 거대한 숲을 안에 보듬고 있는 도토리 한 알의 운명과 의미가 참으로 깊다. 대자연의 온갖 사물 하나도 허투루 여기지 않고 그 안에 깃든 신성의 의미를 찾았던 에머슨의 작품 속에서도 우리는 도토리와 숲 이야기를 만난다. 자신이 옳다고 믿는 원칙에 따라 일부러 더 어려운 길을 걸어간 그의 선택과 지난했던 일생은 평범한 인간들에게 당연히 경외의 대상이다.

이 책에 실린 네 편의 에세이는 모두 1841년 출간된 그의 두 번째 저서 『수필집: 첫 번째 시리즈』에 실려 있으며, 하버드 대학교 신학대학원 강연록까지 포함하여 '백만장자의 서재 미국 고전(Millionaire's Library The American Classic) 시리즈'로 발간된 원서 『자기 신뢰와 다른 에세이들(Self Reliance & Other Essays)』을 바탕으로 더스토리 편집부와 상의하여 가장 대중적인 주제를 발췌하여 엮은 것임을 밝혀둔다. 150년을 넘어선 시대의 간극과 물리적 공간이 주는 이질감이 글에서 느껴지기는 하지만, 극복할 수 없는 정도는 아니며 오히려 인간은 시대와 나라를 초월하여 왜 변함이 없을까 놀랍고 의아할 정도다. 언제 어디서든 드러나는 인성의 중요성을 에머슨은 이미 오래 전부터 피력해왔다. 해외여행에 대한 집착과 유행, 이국적인 문화와 건축 양식에 대한 추종의 원인을 자기 수양의 부족으로 짚어내는 작가의 혜안은 여전히 유용하여 흥미롭다. 가식적인 인간 사회에 대한 냉소적인 자성과 신랄한 비판 또한 인상 깊은 울림을 준다. 특히 종교와 성직자의 역할과 위상이 그 어느 때보다도 크게 달라진 지금, 청교도주의의 순수함을 추구하려 했던 19세기 개신교 목사가 강조하는 이성과 영혼의 깊이는 우리에게 많은 생각을 불러일으킨다.

_변용란

작가 연보

1803년 5월 25일 매사추세츠주 보스턴에서 유니테리언 교회 목사인 아버지 윌리엄 에머슨과 어머니 루스 해스킨스 사이에서 태어났다. 유아사망률이 높은 시절이어서 살아남은 5형제 중 둘째로, 다른 형제자매 셋은 3살 이전에 사망했다.

1811년 아버지 윌리엄 에머슨 목사 사망. 이후 에머슨은 어머니와 고모 메리 무디 에머슨에게 많은 영향과 보살핌을 받으며 자랐다.

1812년 9살 때 보스턴 라틴어 학교에서 정식 교육을 받기 시작했다.

1817년 14살의 나이로 하버드 대학교 입학. 신입생 대표로 학생들과 교수진 사이의 메신저 역할을 맡았다.

1821년 18살 때 하버드 대학교 졸업. 성적은 졸업생 59명 중 중간이었고 그다지 뛰어난 학생은 아니었으나 졸업 기념행사에서 대표로 자작시를 낭독했다.

1821–1825년 대학 졸업 후 형이 운영하던 보스턴 여학교에서 교사로 재직했다.

1825년 하버드 대학교 신학대학원 입학. 1828년엔 미국 대학 우등생들로 구성된 친목단체인 파이 베타 카파(Phi Beta Kappa)회 회원으로 받아들여졌다.

1827년 건강 악화로 플로리다와 사우스캐롤라이나에서 요양을 시작했다.

1829년 보스턴으로 돌아와 부목사로 재직. 2년 전에 만난 18세의 엘렌 터커와 결혼했다.

1831년 결혼 전 이미 폐결핵을 앓고 있던 아내 엘렌 20살 때 사망, 아내의 죽음은 에머슨에게 큰 정신적 타격을 입혔고 한동안 그는 매일 아내의 묘지를 찾았다.

1832년 목사직을 사임하고 1년간 유럽을 여행하며 워즈워스, 콜리지, 토머스 칼라일과 교류했다. 특히 칼라일은 에머슨에게 큰 영향을 미쳤으며 둘의 각별한 친분은 일생동안 지속되었다.

1833년 귀국 후 공개강연 생활을 시작했다.

1835년 자신의 강연에서 만났던 리디아 잭슨과 재혼 후 콩코드의 목사관에 정착, 이곳에서 두 사람은 자녀 넷을 낳았다.

1836년 첫 책 『자연(Nature)』 출간. 프레드릭 헨리 헷지, 조지 퍼트넘, 조지 리플리, 마거릿 풀러 등과 함께 '초월주의 클럽'(Transcendental Club)'을 결성했다.

1837년 열네 살 어린 헨리 데이비드 소로와 친구가 되었다. 7월 콩코드 독립 전쟁 참전 용사 기념탑 제막을 기념하여 「콩코드 송가」라는 기념시를 발표, 8월엔 하버드 대학 우등생 친목회에서 「미국의 학자(The American Scholar)」 강연. 훗날 그의 전기를 쓴 올리버 웬델 홈즈(Oliver Wendell Holmes)는 이 연설을 가리켜 '지적 독립 선언문'이라고 불렀다.

1838년 7월 학생들의 요청으로 하버드 신학대학원에서, 예수 그리스도는 위대하고 진정한 인간이며, 전통적인 기독교가 예수의 말씀과 기적을 신화로 만들어 왜곡했다는 내용으로 강연하였다. 전통적 인습에 빠진 개신교뿐만 아니라 유니테리언 교회 신앙의 문제점까지도 거론함으로써 큰 반향을 불러일으켰고, 이 문제적 강연으로 향후 약 30년간 하버드에서 강연을 하지 못하게 되었다.

1841년 『수필집: 첫 번째 시리즈(Essays: First Series)』 출간, 가장 유명한 그의 수필 「자기 신뢰」는 이 수필집에 들어 있다.

1842년 초월주의 운동의 잡지 〈다이얼(Dial)〉의 편집을 맡았다.

1844년 『수필집: 두 번째 시리즈(Essays: Second Series)』 출간.

1847년 첫 번째 시집 『시집(Poems)』 출간. 영국과 프랑스를 방문했다. 장기간 유럽 여행을 떠난 동안 에머슨의 저택은 헨리 데이비드 소로가 관리인으로 들어와 도맡아주었다.

1849년 『자연, 연설, 강연(Nature, Addresses and Lectures)』 출간.

1850년 『대표적 인간(Representative Men)』 출간.

1855년 휘트먼과 교류하며 그의 시집 『풀잎(Leaves of Grass)』의 대중적 성공에 도움을 주었다.

1856년 유럽 여행을 바탕으로 『영국 기질(English Traits)』 출간.

1860년 『삶의 처세(The Conduct of Life)』 출간.

1862년 스미소니언 박물관에서에서 노예 해방을 찬양하는 연설을 한 직후 백악관에 초청을 받아 에이브러햄 링컨과 만났다. 5월엔 절친이었던 헨리 데이비드 소로가 폐결핵이 악화되어 44살의 나이로 사망하자의 장례식에서 추모 연설을 했다.

1864년 미국 예술 과학 아카데미 회원으로 선정되었다.

1865년 4월 암살당한 에이브러햄 링컨의 장례식에서 추모 연설을 했다.

1867년 시집 『오월제 외(May-Day and Other Pieces)』 출간. 건강이 나빠지기 시작했다.

1870년 『사회와 고독(Society and Solitude)』 출간.

1872년 집에 화재가 발생하지만 엄청난 기부금이 모여 다시 집을 짓게 되었고, 새 집을 짓는 동안 가족들과 유럽과 이집트를 여행했다.

1874년 소로와 다른 시인들의 작품이 함께 담긴 시선집 『파르나서스(Parnassus)』 출간. 이 책은 에머슨의 공식적인 마지막 발표작이다.

1882년 4월 27일 폐렴으로 사망. 매사추세츠주 콩코드 슬리피할로우 묘지에 매장되었다.

자기 신뢰
Self-Reliance

초판 1쇄 펴낸 날 2025년 4월 25일

지 은 이   랄프 왈도 에머슨
옮 긴 이   변용란
펴 낸 이   장영재
펴 낸 곳   (주)미르북컴퍼니
자 회 사   더스토리
전   화   02)3141-4421
팩   스   0505-333-4428
등   록   2012년 3월 16일(제313-2012-81호)
주   소   서울시 마포구 성미산로32길 12, 2층 (우 03983)
E - m a i l sanhonjinju@naver.com
카   페   cafe.naver.com/mirbookcompany
S N S   instagram.com/mirbooks